歴史文化ライブラリー

510

仏都鎌倉の一五〇年

今井雅晴

吉川弘文館

目　次

1　仏都鎌倉

仏都鎌倉　プロローグ

十二世紀末期の文治元年（一一八五）、鎌倉幕府が成立した。これは源頼朝を創設者とする、武士の最初の政府であった。七年後、頼朝は朝廷から征夷大将軍に任命され、幕府の指導者が征夷大将軍となる慣例が始まった。やがて北条氏が勢力を伸ばし、執権として幕府を主導していくようになった。そして幕府はさまざまな社会の展開や外国からの襲来という事態も乗り越えて進んだが、十四世紀の前半に滅びてしまった。正慶二年（元弘三、一三三三）、成立から約一五〇年の後であった。

この間、幕府所在地の鎌倉は新興勢力である武士たちの希望の都として存在し続けた。幕府の指導者たちは、生活万般にわたって強く仏教を求めた。それが当時の普通のあり方ではあった。しかし指導者たちは、朝廷と結びついた平安時代以来の保守的な仏教よりも、新しい時代に対応する意欲を持った僧侶、あるいは教学を求めていた。そしてそれらを取り込んで政治家としての気力を養い、またそれらの僧侶や教学の指導のもとに政治課題を解決していこうとしたのである。鎌倉には意欲的な僧侶たちが次々と訪れてきた。指導者たちも、彼らを迎え、鎌倉に新しい寺院を建立していった（拙稿「総論　名宝巡礼―古都鎌倉の祈りのかたち―」特別展鎌倉市政施行八〇周年記念『名宝巡礼―古都鎌倉の祈りのかたち―』鎌倉国宝館　編集・発行、二〇一九年）。まさに鎌倉は仏教に彩られた都、すなわち仏都ということができるのではないだろうか。

その後も鎌倉では仏教が展開し現代に至っているが、本書では、鎌倉時代の将軍や執権たちの政治課題を順に取り上げ、一五〇年間、彼らが仏教の助けを借りながらそれらをどのように解決しようとしていったかを見ていく。また鎌倉に新しくもたらされた仏教思想や文化についても見ていく。それが本書に『仏都鎌倉の一五〇年』と名付けた理由である。

以下、本書は次の順と内容で述べていきたい。

〈仏都鎌倉の創立〉

仏都鎌倉の創立者は源頼朝といってよいだろう。頼朝は軍事力の増強とともに、鶴岡（つるがおか）八幡宮（はちまんぐう）や箱根権現などの鎌倉防衛に関係の深い神社の協力を求めることから始め、意欲ある僧侶たちを招き、新時代に即した寺院を建立して心の拠り所とした。

仏都鎌倉は、頼朝の次に尼将軍とも称された北条政子、初代執権の北条時政、第二代執権の北条義時を経てほぼ確立する。本項では、この将軍や執権たちと仏教（僧侶・寺院）との関わりを把握していく。

〈仏都鎌倉の発展〉

幕府の第三代執権となった北条泰時の時代を見ていく。この時代、幕府には安定した日本社会を経営していく責任が生じていた。泰時は有力御家人で法然の門弟宇都宮頼綱、天台宗の有力者で法然門弟の聖覚、さらには同じく親鸞らの助力を求めて課題を乗り切っていった。

また泰時は『御成敗式目』や追加法を作り、僧侶のあるべき姿を説いた。そこでは治安を乱さないように求めているが、念仏禁止・念仏弾圧などはまったくみられない。

〈仏都鎌倉の日本支配〉

本項では第五代執権となった時頼の時代を見ていく。この時代は社会が商工業の発展などによって不安定となった。時頼は人々の生活を安定させねばならず、また大陸からは蒙古の脅威が迫りつつあり、それに対する備えも始めねばならなかった。

時頼は国内安定化のために戒律重視の叡尊・忍性を重用し、阿弥陀信仰の僧侶たちも大事にした。また自分の精神を鍛えるためと蒙古の情報も得るために、南宋から蘭渓道隆らの禅僧を招いている。そして国のためにと法華経信仰を説いた日蓮の存在も注目される。

〈仏都鎌倉と蒙古襲来〉

時頼の次の時宗の時代は、大元（蒙古）の襲来撃退に心を砕いた時代であった。幕府では御家人・安達泰盛と時宗の家来・平頼綱が主導権を競っていた。この中で時宗は南宋から招いた大休正念・無学祖元らの指導を受け、武断的な政治を推し進めた。また日本の危機を叫ぶ日蓮、阿弥陀信仰の極致まで到達した一遍も注目される。

時宗は二度にわたる大元（蒙古）の襲来に勝利したが、早死にしたこともあって幕府弱体化という遺産を残したことになった。

〈仏都鎌倉の滅亡〉

時宗後に執権になった貞時とその子高時の時代には、幕府権力はしだいに弱体化し、社会の変化に対応できなくなっていった。これは貞時・高時共に父が若年で亡くなったことも関係があろう。また仏教界においても教理の開発は日蓮・一遍・無学祖元あたりで頂点に達した感があり、新しい社会への対応は困難であった。強い精神的支柱を得難い時代となり、幕府は滅亡し、仏都鎌倉も終わりを告げた。

〈仏都鎌倉の終焉　エピローグ〉

仏都鎌倉の創立

鎌倉幕府の成立と課題および方向性

幕府の成立と課題

鎌倉幕府を創設した源頼朝は、久安三年（一一四七）に誕生した。父は相模国（神奈川県）および南関東を勢力圏とする武将の義朝、母は貴族で従四位下・熱田大宮司の藤原季範の娘・由良御前であった。ただ季範は京都に住む貴族であり、熱田神宮の大宮司はその職を有していたというだけに過ぎなかった。頼朝は当時の慣行に従って母が住む季範の屋敷で育てられたから、彼の意識は貴族の常識に基づいていた。これは後年に鎌倉で暮らすようになっても抜けなかった。

義朝は京都での活躍をめざし、鳥羽天皇の近臣として働き、また太政大臣および摂政・関白として勢威を極めていた藤原忠通にも尽くしていた。義朝の息子である頼朝は十二歳で皇后宮少進に任ぜられた。翌年には従五位下に叙爵されて右兵衛権佐に転任となり、貴族の世界で武官として歩み始めた。平治元年（一一五九）、義朝と平清盛が戦った平治の乱において、義朝は敗れて討たれ、頼朝は清盛方に捕まった。

【関東の源頼朝】　翌年の永暦元年（一一六〇）、頼朝は十四歳で伊豆国（静岡県）に流され、そのまま武士の世界ですごし、武士の気質もよく知ることになった。頼朝が清盛を倒すために挙兵したのは二十年後の治承四年（一一八〇）のことであった。

その後五年間、頼朝は平清盛・その子宗盛あるいは木曽義仲らと戦い、また後白河法皇と政治的駆け引きをめぐらし、文治元年（一一八五）に壇ノ浦で平家を滅ぼして、鎌倉に地方政権ながら一つの覇権を確立した。またこの年、後白河法皇に迫って、全国に守護・地頭を置くことを承認させた。そこでこの年をもって実質的な鎌倉幕府の成立とする見方が多い。

ただ「幕府」という用語の根拠となる頼朝の征夷大将軍（せいいたいしょうぐん）任命は建久三年（一一九二）のことであり、鎌倉幕府成立が文治元年で確定しているわけではない。それに鎌倉時代、幕府は「関東」と呼ばれていたし、「鎌倉」殿といえば将軍のことであった。武家政権を「幕府」と呼ぶようになったのは、江戸時代に入ってしばらくしてからのことである。加えて、そもそも、「鎌倉幕府」という用語は明治時代になってからの新しい造語である。

【鎌倉の地理的状況】　頼朝が鎌倉に本拠地を定めたのは、遠くは数代前の祖である源頼

清和天皇……源頼信―頼義―義家―義親―為義―義朝―義平
　　　　　　　　　　　　　　　　　　　　　　　　　　└頼朝
　　　　　　　　　　　　　　　　　　　　　├義賢―木曽義仲―清水義高
　　　　　　　　　　　　　　　　　　　　　└頼賢

義・義家以来の由緒があったからであり、近くは父義朝・兄義平の根拠地でもあったからでもある。頼義は河内国（大阪府）に本拠地があり、河内源氏と通称された一族の棟梁であった。そして朝廷に武官として仕えていた。

また相模国は関東平野の南部にあって、西は箱根山・足柄山の連山が要害となっていた。箱根山と足柄山はいずれも一つの山の名称ではなく、いくつかの山々の総称である。さらに相模国の南は相模湾で敵が侵入しにくい。そしてその中の鎌倉の地域は、西・北・東が小高い山々に囲まれ、南が相模湾で、狭いけれども守りやすい地形であった。

一方、京都の南方の紀伊半島沖から黒潮に乗って東に進めば、早ければわずか三十時間で相模湾まで到達できた。京都から鎌倉までは現代人が思う以上に近かったのである。それに南関東は暖かく、雪が積もることは少ない。生活はしやすかった。

【鎌倉幕府の任務】　鎌倉幕府の存在の正当性は、あくまでも朝廷の権威に拠っている。征夷大将軍は、朝廷の天皇に任命されることによって幕府の指揮者であることを公認されていた。幕府は、朝廷に足りない武力を補う存在として朝廷と協力しつつ勢力を増大させた。そのなかで将軍やがては幕府を率いた執権たちは、三六年後の承久の乱（一二二一）で後鳥羽上皇の朝廷軍を打ち破るまでは、ひたすら幕府傘下の武士たち（御家人）の利益増大に努めた。それが鎌倉幕府のもっとも大きな任務であった。

仏都鎌倉の方向性

【精神的支柱は仏教】平安時代後期から鎌倉時代は、人々の日常的な精神的支柱といえば仏教であった。また、貴族や武士たちの思想は仏教の言葉を使って表現されるのが普通であった。むろん神祇信仰も大きな力を持っていたけれども、救済の教義そのものはないに等しいし、それらは仏教教義との関わりで示される状況になっていた。そこで将軍や執権たち、それから彼らを支える武士たちは、朝廷を支えてきた延暦寺や東大寺・興福寺などより、新しい時代と社会に対応できる仏教を求めた。幕府政治の精神的よりどころになってくれる仏教である。そしてそれを担う僧侶たちである。

むろん幕府は従来の天台宗や真言宗を否定しようとしたのではない。しかし天台宗の中でも朝廷と密接に結びついてきた延暦寺より、延暦寺と対立関係にあった園城寺（三井寺）を選んだ。第二代執権北条義時や、尼将軍として知られた北条政子が園城寺を好んだことは有名であった。

【僧侶の招聘と寺院の建立・仏像の造立】　こうして将軍・執権および彼らを助ける武士たちは、新しい時代の課題に対応できる僧侶を鎌倉に招き、その僧侶に関わる寺院を建立した。その観点から幕府と鎌倉を魅力あるものにするために、幕府創立まもなくに鎌倉に壮大で華麗な永福寺（ようふくじ）などの寺院を建立し、僧侶たちを支援する資金を与える方向を公けにした。仏像彫刻に優れた能力を持ち、しかしながら不遇であった南都仏師を招いたのもこの時である。このようにしながら仏都ともいうべき都市鎌倉が形成されていった。

では次に鎌倉に入った頼朝が最初に頼りにした鶴岡八幡宮寺から見ていきたい。ちなみに、現在、「鶴岡八幡宮」と呼ばれているこの有名な神社は、もとの名を正式には「鶴岡八幡宮護国寺」という寺院であった。

源頼朝の神社充実・寺院建立

頼朝の鎌倉入り

【鶴岡若宮を遥拝】　源頼朝は治承四年（一一八〇）に伊豆国で挙兵したのち、石橋山（神奈川県小田原市石橋山）の戦いで平家方に敗れ、海路、東京湾を安房国（千葉県）に逃げていた。やがて同年十月六日、「扈従（つき従う）軍士幾千万を知らず」（『吾妻鏡』同日条）を率いて鎌倉に入った。房総半島を安房国から北に攻め上った末であった。そして早くも翌日、まず南方の海岸方向にある鶴岡若宮を遥かに拝んだ。

この鶴岡若宮は頼朝の先祖の一人である頼義が創建したもので、場所は由比郷鶴岡（鎌倉市材木座）であった。「鶴岡」はこの辺りの低い丘の名である。河内源氏の棟梁として知られた頼義は、かつて前九年の役のおり、戦勝を祈願するために河内源氏の氏神である男山八幡宮護国寺（現在の石清水八幡宮。京都府八幡市八幡高坊）を勧請し、鶴岡若宮を創建したのである。頼朝は祖先以来の恩に感謝するとともに、今後の加護を祈ったのであった。

【亀ケ谷から大倉郷へ】　頼朝は、次いで亀ケ谷（鎌倉市扇ヶ谷あたり）の父義朝さらには兄義平の遺跡を訪れた。頼朝はここに屋敷を構えるつもりであったけれども、地形的に狭いのでやめたという。やがてもと平直方の所有で源頼義に譲った屋敷のあった大倉郷（鎌倉市二階堂・西御門・雪ノ下あたり）に本拠を置く決心をした。すぐ住居の建築を始め、同年十二月に完成、同十二日に入居している。

亀ケ谷から大倉郷に本拠地を移した理由は、『吾妻鏡』では「狭いから」と記されているけれども、実際のところ、おそらくそれとは異なる次の二つの理由からであろう。第一は、義朝と義平は二人とも平氏のため殺されている。その本拠地である亀ケ谷はイメージがよくないということである。第二は、大倉郷は、関東各地には桓武平氏を称する多数の大豪族が蟠踞しているし、その嫡流の平直方を味方につけた源頼義・義家父子の住所でもあったからである。そもそも、義家の母は平直方の娘であるから、義家の子孫の頼朝が彼らの棟梁になってもおかしくない。

大倉郷を根拠地とすることは、これから関東一円に勢力を広げ、さらには京都の朝廷に対応していくためにずっと効果的であったのである。大倉郷の頼朝の屋敷、そして鎌倉幕府の役所群があったのは、現在の源頼朝の墓所と称する付近から南に展開する地域である。

鶴岡八幡宮（明治初年、『ザ・ファー・イースト』）

鶴岡八幡宮寺の成立

【頼義と義家】　現在、鎌倉市雪ノ下にある鶴岡八幡宮は源頼朝が建立したとして有名である。前述したように、現在の鎌倉市材木座に鶴岡若宮を建立した源頼義は河内国で誕生している。彼は弓の名手として知られ、父の頼信とともに京都での活躍を望み、関白藤原頼通に仕えた。長元元年（一〇二八）、もと頼信の家人であった平忠常（ただつね）が乱を起こすと、朝廷は平直方を大将軍として鎮圧に当たらせた。関東には直方の多くの郎等たちがいた。

しかし直方は忠常鎮圧に失敗した。そ

こで朝廷は直方を罷免し、代わりに頼信・頼義を派遣した。長元三年（一〇三〇）のことである。すると頼信と頼義はたちまちのうちに忠常を降伏させた。忠常は直方との戦いで疲弊していたからであるともいう。

長元九年（一〇三六）、頼義は忠常の乱鎮圧の功績もあって、相模守に任命されて現地に下向した。頼義の武勇に感じ入っていた平直方は、娘の婿になってもらい、大倉の屋敷や領地、郎等たちを譲り渡した。一族の将来を頼義に賭けたのである。頼義と直方娘との間には、長男の八幡太郎義家（長暦三年〈一〇三九〉生まれ）、次男の賀茂次郎義綱、新羅三郎義光という三人の息子が誕生している。

永承六年（一〇五一）、奥州で前九年の役が始まった。朝廷では源頼義を陸奥守とし、さらには鎮守府将軍も兼任させて鎮圧に当たらせた。頼義は前後十三年、苦心の末に敵対した安倍氏を滅ぼし、康平六年（一〇六三）二月、京都へ凱旋した。この間、義家は天喜五年（一〇五七）ころから父に従って参戦している。頼義は承保二年（一〇七五）に没したが、永保元年（一〇八一）、義家は鶴岡若宮に修復を加えている。

【恐れられた義家】　義家は、鶴岡若宮に修復を加えてから二年後に始まった後三年の役において東国の武士たちを糾合して鎮圧にあたり、さらに二年後にその任務を成功裏に終えている。

義家は嘉承元年（一一〇六）、六十八歳で亡くなったが、彼の時代はちょうど全国の武士の重層的な主従関係が明確になっていく時期である。弓に優れた武士であり、また優れた指導力を持っていた義家は、その一つの頂点に存在する人物として頼義以上に恐れられ、崇敬された。『梁塵秘抄』に、

鷲の住むみ山には、なべての鳥はすむものか、
同じき源氏と申せども、八幡太郎は恐ろしや、

「鷲の住む深い山には、鷲が怖いからどんな鳥も住んでいませんよ、同じように源氏といっても、義家はなよやかな貴族ではなく、武力・武略に優れ、恐ろしいですよ」とあるとおりである。

【鶴岡若宮を小林郷北山に移す】『吾妻鏡』治承四年（一一八〇）十月十二日条に次のように記されている。

祖宗を崇せんが為、小林郷の北山を点じ宮廟を構へ、鶴岡宮を此の所に遷し奉り、専光坊を以って別当職と為す。（中略）武衛此間潔斎し給ひ、当宮の御在所、本新の用捨、賢慮猶し危ぶみ給ふの間、神鑒に任せて宝前に於いて自ら鬮を取ら令め給ひ、当砌に治定し訖ぬ。

「祖先を崇拝するために、小林郷の北山を選んで廟を建て、鶴岡八幡宮を此の場所に遷

し、伊豆山権現の専光坊良暹（りょうせん）を別当にした。（中略）頼朝はこの間に潔斎して、八幡宮をどこに鎮座させるか、もとの鶴岡（由比郷）か小林郷北山か、最終的な決断がつかなかったので鶴岡八幡宮の前で鬮を引き、小林郷と決定した」。

そして新しい八幡宮を鶴岡若宮と呼び、もとの所の八幡宮を下の若宮と呼ぶことになった。別当を専光坊良暹としたのは、源頼朝と年来「師檀（師匠と弟子）」であったからであると『吾妻鏡』同月十一日条は伝えている。小林郷北山の地は大倉郷の西に位置し、京都方面からの攻撃があったときの防御に役立つ。いざという時は北山に立てこもることもできる。由比郷は海に近すぎる。そのようなことで八幡宮を北山に遷したのであろう。

以後、新しい鶴岡若宮に社殿が建立されていった。ところが早くも建久二年（一一九一）、火災によって社殿が焼けてしまった。しかしこれ以降、若宮を上宮（本宮）と下宮（若宮）という二つの体制にし、あらためて京都から男山八幡宮護国寺を勧請（かんじょう）している。祭神は、応神天皇・比売神（ひめがみ）・神功（じんぐう）皇后の三柱で、あわせて「八幡神」と呼ばれている。

【園城寺との親しい関係】　また鎌倉時代を通じて比叡山東麓の園城寺（おんじょうじ）と親しい関係を保ち、園城寺から多くの僧侶を供僧（ぐそう）（神社勤務の僧侶）として招いている。その関係の始まりは、元暦元年（一一八四）、まだ平家が滅びる前に園城寺が荘園三ヶ所の寄進を願い出てきたことに始まる（『吾妻鏡』同年十一月二十三日条）。頼朝はこれに応じてひとまず若

伊豆山神社

狭国玉置荘（福井県三方上中郡若狭町玉置）と近江国横山（滋賀県長浜市）を与え、今後世の中が落ち着いたらさらに寄進を考えようとの返事を送った。以後親しい関係が続いていく。

　鶴岡八幡宮寺は源氏将軍・藤原将軍・宮将軍、また北条氏を始めとする御家人たちの軍事的守護神として心の拠り所となっていった。

伊豆山権現を崇拝【相模国・伊豆国で権威を持つ】　伊豆山権現は現在の静岡県熱海市伊豆山にある伊豆山神社の前身である。「伊豆山」は山も含んだ地域名である。この辺りは、相模湾の海岸に沿ってまるで走るようにお湯（温泉）が湧いていたため、走湯山とも呼ばれていた。古くから山岳信仰で知られていたが、文武天皇三年（六九九）に修験道の開祖と仰がれる役小角（役行者）がここに堂を建てたとされ、以後修験道の霊地となったという。

伊豆山権現は三所権現とも称されるように、法体（宗教者として姿）・俗体（俗人としての姿）・女体（女性としての姿）という三体で成っており、それぞれ法体は千手観音、俗体は阿弥陀如来、女体は如意輪観音が姿を現わしたものとされている。祭神（神霊）にはそのほかの伝えもあり、また伊豆山権現は仁徳天皇を始めとする数代の天皇の勅願所であったとされている（奈良国立博物館 編集・発行『伊豆山神社の歴史と美術』二〇一六年）。

伊豆山権現はＪＲ熱海駅から一・五キロほどの距離にある。熱海市の東隣りは神奈川県足柄下郡湯河原町である。この神社から山伝いに北へ行けば、箱根権現がある箱根山、さらに北へ行けば足柄山である。

【挙兵と伊豆山権現】　治承四年（一一八〇）七月五日、頼朝は伊豆山権現に住む親しい僧侶の文陽房覚淵を北条時政の屋敷に招き、「私は心に念願することがあり、『法華経』全八部（八軸）の千回読誦を終わってから具体的な行動に取り掛かろうと思っていた。挙兵のことである。しかしまだ八百回しか終わっていないのに、急に挙兵しなければならなくなってしまった。この挙兵は成功するかどうか、判断してほしい」と頼んでいる。すると覚淵は次のように答えて頼朝を励ましたという。『吾妻鏡』同日条に、

君者、忝くも八幡大菩薩の氏人、法華八軸の持者なり。八幡太郎の遺跡を稟け、

旧の如く東八ヶ国の勇士を相ひ従へ、八逆の凶徒八条入道相国一族を対治せしめ給ふの条、掌裏に在り。是、併ら此の経八百部読誦の加被に依るなり。

「あなたは、もったいなくも八幡大菩薩の氏人で、『法華経（全八巻）』を大事にしておられる方です。また八幡太郎源義家の旧跡を受け継ぎ、義家のころのように関東地方八ヶ国の勇士たちを従え、八つの極悪を犯した京都八条に住む平清盛一族を滅ぼすことはとても簡単ですよ。これはことごとく八百回読誦による『法華経』のおかげです」。

約二週間後の実際の挙兵にあたり、頼朝は妻の政子を覚淵のもとにかくまってもらった。『吾妻鏡』治承四年（一一八〇）八月十九日条に次のようにある。

晩に及びて、御台所、走湯山文陽房覚淵の坊に渡御す。（中略）世上落居の程まで潜かに此の所に寄宿せしめ給ふ。

「晩になり、政子は走湯権現の文陽房覚淵の寺に行った。（中略）世の中が鎮まるまで、周囲に知られないようにこの寺にかくまってもらったのである」。

【伊豆山権現の治安を保証】頼朝は、鎌倉入りから十日後の治承四年十月十六日、箱根権現に広大な荘園を寄進した。伊豆山権現に対しては、その二日後、頼朝の祈禱所だから「乱悪の輩、乱入すべからず」と治安を保証している。

さらに同月二十一日、伊豆国一宮の三嶋社に伊豆国御園・河原崎・長崎の三ヶ所を寄進している。これは同社への四ヶ所目の荘園寄進であると『吾妻鏡』は伝えている。

箱根権現を崇拝　箱根権現は箱根山にある、現在の箱根神社の前身である。この箱根山は神奈川県足柄下郡箱根町を中心にした、神奈川県と静岡県にまたがる山々の集合体である。箱根山は二重の外輪山で構成されており、内部には芦ノ湖が広がる。この湖の東湖岸にあって、東海道の箱根の関のすぐ近くにあるのが箱根権現である。

箱根権現は山岳信仰と修験道が融合した信仰で、もともと三体の神々が祀（まつ）られていて、それぞれ文殊菩薩・弥勒菩薩・観音菩薩が仮りに姿を現わしたものとされる。

【東海道の要害】　平安時代に入るころまでは、京都と関東を結ぶ幹線道路は本州の山岳地帯を通る東山道（とうさんどう）であった。海岸地帯を通る東海道は大河が何本もあるし、河口の三角州（さんかくす）などもあって歩行しにくかったからである。それが平安時代になると、やはり山岳地帯よりも旅行や荷物運びが楽なので、東海道が幹線道路として開発されていった。その道は京都府から愛知県へ出て海岸を東へ進んで静岡県三島市に至り、そこから目の前の箱根山を北へ大回りして足柄峠を越えて神奈川県に入り、南下して小田原市国府津（こうづ）に出て、そこでまた海岸を東に進む。これは足柄道といい、現在のJR御殿場（ごてんば）線に沿った道である。

しかし箱根山の噴火によって足柄道が一時的に通れなくなり、三島市から正面の箱根山を登って国府津に向かう道が開発された。箱根道である。この道はとても険しい。「箱根の山は天下の嶮」と一九〇一年の中学唱歌『箱根八里』に歌われたとおりである。芦ノ湖も箱根権現もこの箱根道にある。そして箱根権現は当時の神社のあり方として当然のように大兵力があった。箱根権現は京都方面から鎌倉を守る第一の要害の位置にあったのである。

伊豆国に流され、その東海岸北部の大豪族伊東祐親の保護・監視下にあったと推定される頼朝（坂井孝一『源頼朝と鎌倉』吉川弘文館、二〇一六年）は、箱根権現の威力も理解しており、親しい関係の者もできていた。

【挙兵時の味方】　治承四年八月、挙兵した頼朝は石橋山の戦いで敗れた。その情報を得た箱根権現別当の行実は弟永実を派遣して頼朝を助け、自分の寺に招き入れた。『吾妻鏡』治承四年八月二十四日条に、次のように記されている。

> 箱根山別当行実、弟僧永実を差して御駄餉を持たしめ、武衛を尋ね奉る。（中略）公私餓に臨むの時なり、値已に千金と云々。（中略）其の後永実を以って仕承として密々に箱根山に到り給ふ。

「箱根権現別当の行実は弟の僧永実に命じて食料を持たせ、頼朝を探し回った。（中略、頼朝を発見）頼朝の一群は空腹だったので、食料がとてもありがたかった。（中略）その後、永実を道案内として密かに箱根権現に到着した」。

【箱根権現に所領寄進】　その後頼朝はいったんは安房国（千葉県）に逃れたが、やがて多くの軍勢を引き連れて鎌倉に入った。頼朝は箱根権現に荘園を寄進するなどして親交を深めている。それは早くも鎌倉入りから十日後の治承四年十月十六日のことで、箱根山の東の山麓にある大荘園である早河荘（はやかわのしょう）を箱根権現に寄進したのである。

三嶋社を味方につける

三島社は現在の三嶋大社の前身で、静岡県三島市大宮町にある。ここは東海道筋に当たる交通の要所であった。祭神は大山祇命（おおやまつみのみこと）で、平安時代の延長五年（九二七）にまとめられた『延喜式』神名帳では、全国の有名神社を格付けした四段階のうち、最上位の名神大社（みょうじんたいしゃ）に位置付けられていた。平安時代末期からは伊豆国一宮として勢威を振るった。頼朝の挙兵も、この三嶋社の祭礼の夜で、頼朝を警戒する平家方の武士たちが祭礼に行ってしまった隙を狙（ねら）ってのことであった。

【三嶋社に所領寄進】　頼朝は鎌倉入りから半月後の治承四年十月二十一日、三嶋社に伊豆国御園・河原崎・長崎の三ヶ所を寄進している。これは同社への四ヶ所目の荘園寄進であると『吾妻鏡』は伝えている。伊豆山権現に治安保証を与えてから五日後である。頼朝は挙兵に当たって積極的に自分を助けた箱根権現・伊豆山権現への処置を済ませた後、鎌倉から京都に向かっての大要害となる三嶋社を確保しておきたかったのであろう。そして挙兵時に祭礼をぶち壊したお詫びも含めて、多くの荘園寄進となったものと推定される。

二所詣

文治元年（一一八五）十月二十七日、頼朝は伊豆山権現と箱根権現に奉弊（ほうべい）使（し）を送って馬一匹ずつを奉納した。平家が壇ノ浦で滅亡してから半年後である。この奉納は両神社に敬意を表する挨拶である。これがきっかけとなって始められたのが、鎌倉時代の「二所詣（にしょもうで）」である。史料で確認できる最初の二所詣は、文治四年（一一八八）一月二十日に頼朝が多くの御家人や三百騎ほどの軍勢を連れて出発、伊豆山権現・箱根権現・三嶋社をまわって二十六日に鎌倉に帰った行事である。「二所」ではあるが、伊豆山権現と箱根権現に加え、三嶋社の名も見える。まもなく鎌倉の鶴岡八幡宮寺も加わり、名称は「二所詣」ながら実際に詣でるのは「四所」となった。

二所詣のコースは文治六年（一一九〇）以降、まず鶴岡八幡宮寺へ参詣、次いで箱根権現―三嶋社―伊豆山権現―鎌倉へ帰る、ということで固まった（箱根神社編集・発行、『二所詣―伊豆箱根二所権現の世界』二〇〇七年）。

【都市鎌倉の外城】　その後、二所詣は将軍源実朝や北条政子、執権泰時、同貞時その他によっても行なわれている。それは伊豆山権現・箱根権現が武士の都鎌倉の外壁となるべき地理的位置に存在し、その前面の三嶋社も含めてそれぞれに大きな軍事力もあったので、敵にまわしてはならなかったからである。この有力神社四ヶ所に総合して武士の都鎌倉を守ってもらおうとの目的であることは明らかである。

勝長寿院（南御堂）の建立

【父義朝の活動とその最後】　頼朝は元暦元年（一一八四）十一月、大御堂ケ谷（鎌倉市雪の下）に父義朝の菩提を弔う寺院の建立を開始し、翌文治元年十月二十四日に落慶法要を行なった。この寺は勝長寿院と名付けられた。

義朝は、河内源氏の嫡流である源為義の長男として保安四年（一一二三）に誕生した。河内源氏は源義家以後、内紛によって京都での勢力を落としていた。義朝は義家の曾孫である。彼は少年時代に関東で勢力を伸ばすことを決意、房総半島の安房国・上総国（千葉県）で活躍して上総御曹司と呼ばれるようになった。以後、相模国の三浦氏・波多野氏その他の大豪族も従え、鎌倉を本拠地として活動した。後に鎌倉悪源太と呼ばれた長男の義平の母は三浦義明の娘、次男の朝長の母は波多野義通の妹である。

やがて義朝は京都に上り、久安三年（一一四七）には熱田大宮司藤原季範の娘由良御前との間に三男の頼朝を儲けた。さらにその季範の後援で鳥羽上皇や関白藤原忠通にも目をかけられ、仁平三年（一一五三）には下野守従五位下に任ぜられて関東での権威も確かなものにしている。

続いて保元元年（一一五六）の保元の乱では、崇徳上皇と対立する後白河天皇方につき、その中心的軍事力として勝利した。ただしその折り、上皇方に味方して敗北の後は義朝を頼った父の為義、頼賢以下の弟五人、さらには幼くて戦争に参加しなかった弟四人も呼び出して殺した。謀反人は許さないという後白河天皇の厳命によるものであった。

京都での勢力も拡大した義朝は、しかしながら三年後の平治元年（一一五九）十二月、平治の乱で平清盛に敗れた。関東へ逃げる途中、尾張国知多郡野間（愛知県知多郡美浜町）で年来の家人である長田庄司忠致と息子の先生景致に迎えられたが、清盛の恩賞にあずかろうとした父子に裏切られ、家来で忠致の婿の鎌田政清らとともに入浴中に殺されたと『平治物語』は伝えている。翌年平治二年一月九日、長田父子によって清盛のもとに持ち込まれた義朝と政清の首は獄門にかけられた。

【勝長寿院の建立】　頼朝は元暦元年（一一八四）十一月二十六日、勝長寿院の建立を開始した。『吾妻鏡』同日条に、

武衛、伽藍を草創せんが為に、鎌倉中の勝地を求め給ふ。営の東南に当たり、一霊崛有り。仍って梵宇の営作を彼の所に企てらる。是、父徳に報謝の素願なり。

「頼朝は、寺院を創建するため、鎌倉中でそれに適した土地を探された。頼朝の大倉御所の南東にあたって、一つの立派な高台があった。そこでそこを寺院創建の地とされた。これは父である義朝の徳に報いたいと、常日頃から願っていたことである」とある。頼朝は父義朝の菩提を弔う寺院として勝長寿院を建立したのである。この寺は頼朝の屋敷であ

る大倉御所の南東に位置にあるので、南御堂（みなみみどう）とも呼ばれた。

それから約五ヶ月後の文治元年（一一八五）四月十一日、勝長寿院の立柱の儀があり、頼朝も参列していたところ、壇ノ浦で源氏方が平家方を全滅させたという書状を持った使者が到着した。数年間の苦難の戦いを思い、頼朝はその書状を持って鶴岡八幡宮寺に向かって座り、一言も発することができなかったという。

やがて十月二十四日、勝長寿院落慶法要があった。法要の導師は園城寺長吏公顕（ちょうりこうけん）であった。『吾妻鏡』によれば、この時の落慶法要に参列した御家人の人数は、主な者たちだけでも二〇九六人にのぼったという。

本堂の本尊は金色に輝く丈六（じょうろく）の阿弥陀如来坐像であり、制作したのは南都仏師の成朝（せいちょう）であった。また本尊後部の壁には、極楽浄土の様子と二十五菩薩が描かれていた。絵師は京都から招いている。

【京都仏師と南都仏師】『吾妻鏡』文治元年（一一八五）五月二十一日条に、

南都大仏師成朝、御招請に依り参向す。是、此の御堂の仏像を造立せんが為也。

「南都仏師の棟梁の成朝が、頼朝殿のお招きによって鎌倉に来た。これは勝長寿院に安置する仏像を制作するためである」とある。仏師の系譜は次のとおりである。

成朝は、宇治の平等院鳳凰堂の阿弥陀如来坐像を造立した定朝（じょうちょう）の正統を継ぐ仏師であ

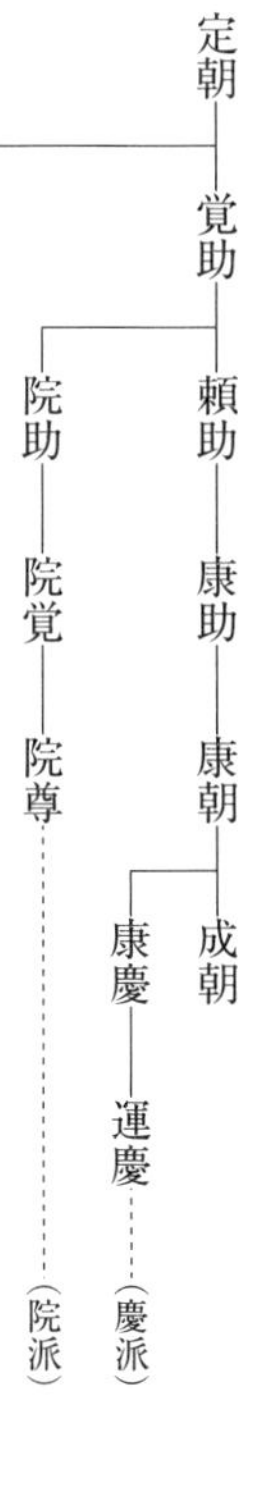

る。定朝の後、弟子の覚助の系統は興福寺に住み、奈良（南都）を中心に活躍した。そこでこの系統は奈良仏師あるいは南都仏師、南京仏師と呼ばれた。後には慶派と呼ばれている。定朝の他の弟子である院助や長勢の系統は、京都を中心に活動したので京都仏師とよばれた。慶派と同じく、院助の系統は院派、長勢の系統は円派とも呼ばれて活躍している。京都仏師は定朝以来の平明円満な伝統的様式をそのまま受け継いでいた。地域的な有利さもあって、当然のように藤原氏や貴族たちの支持を受けていた。成朝のころは、院派は院尊を中心にして、円派は明円を中心にして勢力を張っていた。

これに対して、奈良仏師は天平時代の彫刻に学んだ写実性や力強さ、さらには当時の中国の宋風から深い流暢な彫りも学んだ、新しい様式をめざしていた。しかし勢力は弱かった。仏師としての朝廷から与えられる位（僧綱）には法印・法眼・法橋がある。その任命を記した『僧綱補任』によれば、寿永二年（一一八三）に僧綱に任ぜられていたのは、最高位の法印に任ぜられた院尊をはじめとする七人であった。そのうち、奈良仏師は最下位の法橋に康慶が任ぜられているだけであった。奈良仏師の正統である成朝は若年であったためもあるのか、僧綱は与えられていない状況であった。

【成朝と運慶】　しかし頼朝は栄えていた京都仏師を選ばなかった。それについて、頼朝挙兵のはじめの養和年間（一一八一〜一一八二）、後白河法皇が頼朝を滅ぼす祈禱のため、像高五丈の毘沙門天像を造立した、それが東国に向かう近江国高島郡にある像だ、頼朝はそれをとても不快に思っていた（『吾妻鏡』建久二年〈一一九一〉五月十二日条）という話がある。その毘沙門天像を造立したのが京都仏師の院尊だったのである。頼朝としてもこのような京都仏師に造像を依頼する気になれなかったのであろう。それが勝長寿院の本尊阿弥陀如来像の造立を奈良仏師に依頼した理由と推察される。そこで奈良仏師は勢力発展の機会と認識し、新興の頼朝に将来を賭け、僧綱は有していなくとも総師である成朝を送り込んできたのである。

前述のように成朝は文治元年五月二十一日に鎌倉に入り、五ヶ月で勝長寿院本尊丈六阿弥陀如来坐像を完成させ、十月二十一日に同寺に運び入れている。成朝はまだ若く、その技量にはやや不安があるものの、奈良仏師の作風である写実性・力強さ・若々しさは頼朝や関東の武士に気に入られる結果となった。

成朝は仏像を造立することを仕事にしているけれども、僧侶である。そして続く同じく僧侶の運慶が北条時政と和田義盛に招かれて阿弥陀三尊像を造立して名をあげたことが、奈良・京都付近の不遇の僧侶たちを鎌倉に向かわせる動きに発展した。頼朝が東大寺の復興をめざす「東大寺大勧進」であった重源を援助したことも、その動きに拍車をかけたことであろう。

永福寺（二階堂）の建立

【強大な奥州藤原氏勢力と秀衡】　文治五年（一一八九）、頼朝は奥州に進軍して百年の栄華を誇った藤原氏を滅ぼした。それにもかかわらず鎌倉に帰った後の頼朝は、藤原氏の本拠平泉にあった中尊寺の中の大長寿院（二階大堂）を手本に、永福寺を建立したのである。それはなぜであったろうか。

奥州藤原氏は、清衡を祖として基衡・秀衡・泰衡と続く大勢力であった。平安時代前半の十世紀ころから鎌倉時代中葉の十三世紀ころまで、日本列島の気温は一・五度から三度高かったという。それによって、特に東日本では農業生産力が飛躍的に増加し（松井健編著『日本の自然2』（カラーシリーズ日本の風土、平凡社、一九八七年））、西日本では干ばつが多くなり、生産力の低下、平氏の敗戦という結果となったという（田家康『気候で読み解く日本の戦史―異常気象との攻防一四〇〇年』（日本経済出版社、二〇一三年））。その経済力を基盤とする奥州藤原氏の軍事力・文化力は強大であった。次々と建立された寺院等に示される文化は京都からの直輸入であった。

頼朝、引き続いて木曽義仲が平清盛打倒の兵を挙げた時、奥州藤原氏は強力な秀衡の時代であった。翌年、清盛は病没し、跡を継いだ平宗盛は秀衡を陸奥守に任じ、平家に味方するように仕向けた。国司の守（長官）と介（次官）は京都の貴族が任命されるべき職であり、いくら勢力が大きくても地方豪族は任命されなかった。その国司に任命されるということは、秀衡にとって非常な名誉であった。平安時代四百年の慣行を破ってまで、宗盛は秀衡を味方につけようとしたのである。平家にとっての大きな危機であった。

しかし結局平家は滅びたが、藤原氏勢力は無傷で残った。領地も頼朝支配下の関東・信濃・北陸とほぼ同じ面積という広さであった。そして頼朝にとって悪いことに、頼朝と仲違いした弟の義経が秀衡のもとに逃げ込んだ。文治三年（一一八七）二月のことであった。義経は戦争に勝つことに異様に優れた能力を持っていた。

【奥州征伐】　十ヶ月後、秀衡が没すると、頼朝はまだ若い三十三歳で後継者となった泰衡にしきりに圧力をかけた。義経を捕らえて差し出せというのである。泰衡は奥州の支配者になりそうに人気が高まっていた義経への反感もあって、とうとうこの圧力に屈し、文治五年（一一八九）閏（うるう）四月、義経の住居を急襲して討ち取ってしまった。頼朝はこの奥州混乱の機会を逃さず、奥州出陣の決心を固めた。

このような状況の中で、六月六日、伊豆では北条時政の願成就院（がんじょうじゅいん）の立柱上棟（りっちゅうじょうとう）供養が行なわれた。奥州征伐の成功を願って、と『吾妻鏡』は伝える。三日後、今度は鶴岡八幡宮寺の境内で新造の塔供養が行なわれた。二つの供養にあたっての「表白」（供養の事情説明。供養の最初に読み上げられる）を書いたのは天台宗の澄憲法印である。彼は京都の安居院に住み、唱導の名手であった。「唱導」とは法事の際のお説教のことである。その澄憲は後白河法皇や関白九条兼実と親しい人物であった。朝廷は頼朝の奥州征伐を支持していた。

六月二十八日、頼朝は鶴岡八幡宮寺で征討の祈禱を凝らした。七月十八日、奥州征伐の先遣隊が出発し、同十九日には頼朝自身が大軍を率いて奥州に向かった。

予想に反して藤原氏の抗戦力は非常に弱かった。頼朝軍は治承四年（一一八〇）からの平家や木曽義仲らとの戦いで鍛えられていたから強かったのである。頼朝軍は各地で敵を撃破し、早くも九月六日、志波郡陣岡社（岩手県紫波郡紫波町宮手字陣ヶ岡）に進軍していた頼朝のもとに、泰衡の家来の河田次郎が主人の首を持って降参してきた。ここに栄華を誇った奥州藤原氏はあえなく滅亡した。

【平泉の壮麗な寺院群】やがて藤原氏の本拠平泉（岩手県西磐井郡平泉町平泉）に入った頼朝は、中尊寺・毛越寺・無量光院などの壮麗ですばらしい寺院の輝きに目を奪われた。それらは無傷で頼朝の手に入った。『吾妻鏡』文治五年九月十七日条に、清衡以下三代造立の堂舎の事、（中略）之を注し献ず。二品忽ちに御信心を催す。仍って寺領悉く以って寄付せられ、御祈禱を募らしむと云々。

「清衡以下三代が造立した寺院の伽藍の一覧表が献上された。頼朝はすぐにそれらの寺院に対する深い信仰心が湧いた。そこでこれらの寺院が所有していた寺領をあらためてすべて寄進し、自分のために祈るようにと命じた」。このことは、諸寺院から藤原氏の時代と同様の保護を願う声がしきりにあったという背景がある。

この一覧表の真っ先に中尊寺のことが記されていた。そこには、中尊寺には寺院や塔が四十余りあり、僧侶の住む家が三百余りあるとあった。そして寺院には、まず多宝寺があって、中に釈迦如来像と多宝如来像が左右に安置され、その中間は旅人が通る道になっていたという。次に釈迦堂があり、百余りの金色の釈迦木像が安置してあった。次にあるのが大長寿院であった。『吾妻鏡』文治五年十二月九日条に、

次に二階大堂〔大長寿院と号す〕〔高さ五丈。本尊三丈の金色弥陀像。脇侍九体。同丈六也〕、（〔 〕内は割注。以下同）

とある。一丈は三メートルである。続いて、金色堂や鎮守の日吉社・白山宮、一切経蔵、その他の伽藍があったという。

頼朝は平泉滞在中に諸寺院を訪れ、それぞれから強い感銘を受けた。なかでも二階大堂大長寿院に思うところがあり、鎌倉に帰ってからこの寺を手本にした永福寺を建立した。

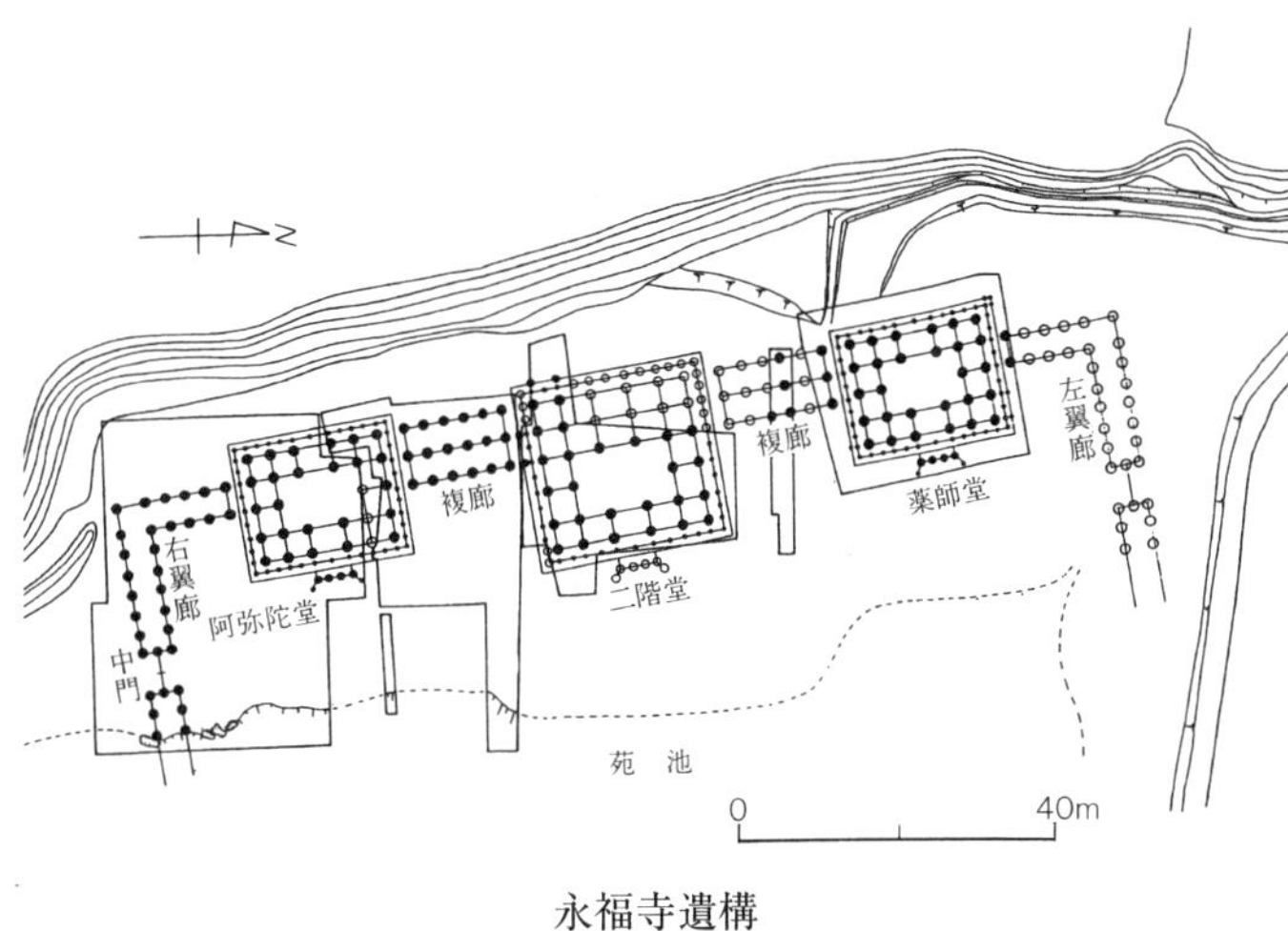

永福寺遺構

【永福寺の建立】　文治五年（一一八九）十二月九日、頼朝は鎌倉で永福寺建立を開始することにした。この寺は伽藍および庭園で成り立ち、極楽浄土の再現を目指していた。その目的として『吾妻鏡』同日条に次のようにある。

且つは数万の怨霊を宥じ、且つは三有の苦果を救わんが為なり。

「一つは、頼朝のために殺され、恨んでいるであろう数万の霊の怒りを和らげるためである。もう一つは、彼らが地獄などに落ちているであろう苦しみから救うため」。つまりは新たに支配下に入れた広大な地域での反乱を防ぎ、平穏な占領政策を進めるのが目的であった。領主は頼朝に変わったけれども、藤原氏の遺産を否定するのではなく受け継ぐ。その意思を示すため、大長寿院（二階大堂）を手本にした永福寺を建立する。

ただ実際に永福寺の寺地を決定し、建立を開始するのは二年後にずれ込んだ。その八月には池を掘ったり、奇石を持ち込んだりして庭園も整え、さらに翌年の建久三年（一一九二）十一月二十日に完成に至った。『吾妻鏡』同日条に次の記事がある。

永福寺の営作、已（すで）に其の功を終う。雲軒月殿、絶妙比類なし。誠に是れ、西土九品（さいどくほん）の荘厳を、東関二階の梵宇に遷す者か。今日、御台所（みだいどころ）御参有り。

「永福寺の造営が終わった。雲に届くような高い軒、月のように明るく美しい部屋を持つ建物、そのすばらしさは比べようがない。ほんとうにこれは西方極楽の九種類の浄土を、この関東の二階建ての寺院に遷したようである。今日、政子様がお参りになった」。

【二階建て寺院】永福寺はその後の歴史の中で焼失してしまったが、諸記録や長い年月をかけての鎌倉市の発掘調査により、永福寺の全容は次のようであったことが判明している。

イ　敷地の西側中央に、東向きに二階堂がある。規模は、正面が一九・三九メートル、奥行き一七・五七メートル。本尊は釈迦如来像（元応元年〈一三一九〉成立の『玉林苑』による）。

ロ　その北側に薬師堂がある。施主は北条政子（『転法輪鈔』国立歴史民俗博物館蔵）。正面が一六・七〇メートル、奥行き一二・七二メートル。本尊は薬師如来像（『吾妻鏡』他）。

ハ　二階堂の南側に阿弥陀堂がある。正面が一六・七〇メートル、奥行き一二・七二メートル。本尊は阿弥陀如来像。

ニ　各堂は渡廊（わたりろう）で繋がれ、薬師堂と阿弥陀堂からは池に向かって翼廊（よくろう）が出て、その先端には釣殿（つりどの）がある。

ホ　これらの建築物の前面（つまり、東側）に池が広く展開している。そしてその池は、建築物より南方にも広く張り出している。

永福寺は、平泉の大長寿院を模倣したとされているけれども、実は池のない同院より、池もあって本堂を挟んで左右に渡廊と翼廊のある無量光院や宇治の平等院に似ている。ただし、建物の規模は正面の長さが永福寺は無量光院の二倍、平等院の二・八倍もある。永福寺は頼朝、すなわち新支配者の権威が圧倒的であることを奥州の人々に示したのである。

ただ、永福寺の伽藍は全部が同時に完成したのではない。たとえば薬師堂は二年後の建久五年三月二十六日に落成供養が行なわれている（『吾妻鏡』同日条）。その表白は京都の勝賢僧正によって同年三月六日に書き上げられている（『転法輪鈔』）。

しかし寺院構成の内容が大長寿院よりも無量光院や平等院に酷似していながら、なぜ頼朝は永福寺を大長寿院に重ね合わせて世に示したのであろう。それは『吾妻鏡』五年十二月九日条で大長寿院を紹介するとき、本文で「二階大堂」と記し、本名は割注で「大長寿院と号す」と示したのに過ぎないことが重要なヒントになろう。つまり頼朝が強い関心を惹かれたのは〝二階建ての寺院〟だったのである。

本来、日本の建築は貴族の寝殿造りにしても寺院・神社にしても一階建てで造られていた。いかにも二階建てに見える山門や、あるいは五重塔・三重塔などがあるが、それらの二階（以上）は人が住むことを前提にして造られてはいない。

二階建てであったとして知られているのは、史上、山城国（京都府）と近江国（滋賀県）との境にあった逢坂（おうさか）の関の関屋と、大長寿院だけである。

逢坂の関は皇居を中心とした畿内と、東国との境にある。言い換えれば中央地域と辺境地域の境目に建っている。それは二階建ての建物で遠く双方を見渡しているのである。平泉の大長寿院は、奥州藤原氏の意識によれば、京都から平泉までが中央地域、そこから北は辺境地域という意識の上に建立されたのではなかったか。奥州藤原氏の、両方を見通しているという誇りがそこにはある。頼朝はこれに着目して鎌倉に二階建ての永福寺、つまりは二階堂を建立したと推測する。鎌倉が中央と辺境の境目であるという誇りである。

【薬師如来と阿弥陀如来】　永福寺は寝殿造り（しんでんづくり）を模し、しかもそれ以上に豪華な建物であった。それは京都直輸入ではなく奥州を経由した京都文化であった。これは貴族の文化を尊重しつつも独自性を主張したということになる。

また本堂である二階堂の脇に薬師堂と阿弥陀堂を建立したことは、まさに当時の武士たちの切実な願いを示している。ふだんの病気・戦場での怪我(けが)に対処してもらうための薬師如来と、来世の極楽往生のための阿弥陀如来である。

池については、頼朝の生存中には貴族のように船遊びをした記録はないけれども、実朝以降には明らかにその遊びを楽しんだ複数の記録が残っている。『海道記』に、

二階堂を礼す。これは余堂に踔躒して感嘆および難し。

「二階堂を拝礼しました。この寺は他の寺々よりずっと優れており、他の寺々とは比較にならないほど感動しました」として、以下、詳しくその様子を褒(ほ)め称えている。仁治三年（一二四二）成立の『東関紀行(とうかんきこう)』にも、「二階堂はことにすぐれたる寺なり」などと記し、京都から鎌倉へ来る人たちはぜひ見物したい所であるとしている。

北条時政と願成就院の創立

北条時政の活動

北条時政は、源頼朝の妻である北条政子の父である。伊豆国田方郡（たがたぐん）北条（静岡県伊豆の国市）の出身で、平安時代末期の保延四年（一一三八）に生まれた。婿の頼朝より九歳の年上にしか過ぎないから、頼朝とは同世代といったところである。娘が頼朝の妻になったおかげで鎌倉幕府初代の執権となることができた。以後、幕府の主導権を握った一族ながら、当初の領地は少なく、軍事力も非常に弱かった。

北条氏は桓武平氏と称している。しかし『尊卑分脈（そんぴぶんみゃく）』や数種類ある古系図を見ると、時政以前の系図はすべて異なっている。また、時政は北条氏の本流ではなく、傍流であったようである。ただ、諸系図で祖父が北条時家という人物であったことはほぼ一致している。

そして『尊卑分脈』時家の項の傍注には「伊豆介」とある。諸国の「守」と「介」は京都の貴族が就任すべき職であるから、時家は京都の貴族であったということになる。時政は代々関東に土着していた武士としての桓武平氏ではなく、土着したのはわりと新しい時代だったのであろう。それは時政が貴族の習性をよく理解していたことにも示されている。

【頼朝の代官北条丸】　文治元年（一一八五）十一月、時政は頼朝の代理として千余騎の大軍を率いて京都に上った。この直前の十月、後白河法皇は頼朝と仲違いした弟義経の求めに応じて頼朝追討の院宣を下した。しかし義経の味方は集まらず、没落して奥州に逃げた。苦しい立場に追い込まれた法皇に対し、チャンスとばかり、頼朝は幕府として全国に守護地頭を設置すること、義経問題の処理をすること、平家残党の捜索と逮捕および京都の治安維持をさせよなどと、さまざまな要求を持たせて時政を送り込んだのである。いずれも法皇や貴族たちが非常に嫌がる要求である。

しかしいくら頼朝の義父であるとはいえ、自前の大軍事力を持たず、農村の一土豪である時政に、頼朝に日本一の大天狗と評された法皇や貴族たちを籠絡する技術があったことは不思議である。まず、貴族たちが時政を不快に思った様子は以下のとおりである。

①　九条兼実の日記『玉葉』文治元年十一月十四日条

入洛の武士らの気色（けしき）、大いに恐れあり。

「京都に入った武士たちの様子はとても恐ろしい」。

②『玉葉』同年十一月二十八日条

伝え聞く、頼朝の代官北条丸、今夜経房に謁（えつ）すべしと云々。

「聞くところによると、頼朝の代官で官位もない北条某が、吉田経房に拝謁したいということである」。

吉田経房は中納言で法皇の秘書部長ともいうべき蔵人頭（くろうどのとう）であった。無位の者が会えるべき身分ではないと、兼実は時政の本名が「北条四郎時政」と分かっているにもかかわらず（『玉葉』同月二十三日条）、「北条丸」と記して「子ども同然の者だ」と馬鹿にしていたのである。しかし四ヶ月後、法皇と貴族の雰囲気はすっかり変わっていた。時政は彼らにすっかり気に入られてしまった。

【後白河法皇と兼実に気に入られる】

①『吾妻鏡』文治二年二月二十五日条

北条殿、去年より在京す。武家のことを執行するの間、事において賢直、貴賤の美談するところなり。

「北条時政殿は昨年から京都に滞在し、幕府に関わる事を法皇・貴族と交渉している。この間、時政殿は諸懸案を正しく、分かりやすく解決していくと彼ら皆が褒め称えている」。

②『玉葉』同年三月二十四日条

北条時政〔頼朝の妻の父、近日珍しき物か〕来る。明暁、関東に下向すと云々。

「北条時政〔頼朝の妻の父。最近の武士にしては珍しく能力のある男ですな〕が来た。明朝、暗いうちに鎌倉に帰るそうだ」。

③『吾妻鏡』同日条

北条殿、近日関東に帰参せらるべし。公家、殊(こと)に惜しみ思食(おぼしめ)さるるの由、帥(そちの)中納言勅旨を伝えらる。公平、私を忘るるがゆえなり。

「時政殿は近々幕府に戻られるであろう。法皇は特に残念に思われていると、吉田経房（帥中納言）を通じてお伝えがあった。時政殿は交渉にあたって公平に。また私心なく解決に努力したからである」。

時政は貴族相手の外交官として優れた能力を持っていたのである。それを知っているからこそ、頼朝は重要な交渉役に時政を選んだのであった。さらに、この能力があったことは、祖父の時家または父が伊豆国に土着したとしても、時政も含めて京都とずっと強い関係を保っていたことを示している。

京都滞在四ヶ月、時政は後白河法皇と九条兼実と親しくなった。それが次に述べる時政の願成就院建立に大いに役立った。

願成就院の建立

時政は奥州征伐の直前、願成就院の建立を始めた。前述したように、その公的な目的は奥州征伐の成功を願ってということであった。公的にはそうであろうけれど、一武士としてもっとも願いたいことは領地の拡大であろう。時政は治承四年（一一八〇）からの五年間の平家討滅戦争において、目立った戦功は挙げられなかった。兵力がごく少なかったので無理もない。しかし頼朝の相談役として働いた功績ということであろう、伊豆・駿河以西、九州に至るまでの十数ヶ所の領地が与えられた。ただ相模国をはじめとする関東には与えられなかった。遠ければ年貢徴収も大変であり、領地での兵力徴発も難しい。急場の役には立たない。そこで奥州征伐により、関東、あるいは奥州でも近い所の土地を与えられることが期待されたのである。

奥州征伐勝利の結果、多くの領地が頼朝の手に入った。北条氏では義時が従軍した。そして与えられた領地は陸奥国の六ヶ所であった。それは平賀郡・田舎郡・山辺郡・鼻和郡・外ヶ浜・西ヶ浜で、現在の青森県青森市や黒石市付近であり、全部奥州の最北端である。軍事力が弱小の北条氏に対する幕府内の評価はその程度であったのである。

【『伊豆堂供養表白（ひょうびゃく）』と澄憲】　時政は願成就院建立にあたって、後白河法皇と源頼朝の協力を取り付けている。それは唱導の第一人者として有名な澄憲法印の『伊豆堂供養表白』（『転法輪鈔』所収）によって明らかである。

「伊豆堂」とは「伊豆国の阿弥陀堂である願成就院」のこと、「供養」は「仏・菩薩または寺院に対して真心をもって供物を捧げること」、「表白」は「法会の始めに当たり、これから行なわれることを明らかにして白（申）しあげること」である。したがって「伊豆堂供養表白」とは、「伊豆国の願成就院建立にあたり、心を込めて供養を捧げお祝いをするとともに、そのお祝いの儀式の内容を申し上げる」という意味となる。

なお、法要では「表白」に続いて読み上げられる「願文」がある。これは建立の施主の願いが書かれている。

執筆者の澄憲の父は、正五位下少納言の藤原通憲（信西入道）である。後白河天皇即位にあたり、不利な立場にいた後白河を強力に擁立して即位させた功労者である。しかし貴族たちに妬まれ、平治の乱（一一五九）で討たれた。後白河は通憲の恩に感じ、二十数人いた通憲の子女を大切にし、引き立てた。澄憲もその一人である。

【頼朝と法皇の後援】『伊豆堂供養表白』に次の文がある。文中「二如殿下」は「二品殿下」の誤りで、寿永三年（一一八四）に従二位に叙せられた頼朝のことである。

主君二如殿下、寿命は長遠にて貴躰は安穏なり。

「時政の主人の頼朝様の寿命は長いことが約束され、お体もまったく無事である」。

同じく『伊豆堂供養表白』に、

禅定法皇の玉躰は安穏。

「後白河法皇のお体はまったく無事である」とある。

以上の文章は、澄憲が源頼朝や後白河法皇に無断で書くことはあり得ない。つまり、頼朝も法皇も願成就院の建立を援護していたということである（拙著『北条時政の願成就院創立（下）―安居院澄憲と「伊豆堂供養表白」―』東国真宗研究所、二〇一七年）。

願成就院の仏像群

【運慶、鎌倉に下る】　前述のように、文治元年（一一八五）十一月二十五日、北条時政は頼朝の命によって千余騎を率いて京都に入った。前月二十四日には、奈良仏師の成朝が造立した勝長寿院本尊丈六阿弥陀如来像の供養が鎌倉で行なわれている。したがって時政はそれを見てから京都に向かったことになる。その後、時政は後白河法皇や九条兼実の強い信頼を獲得した上で、頼朝と同じく奈良仏師に造像を依頼した。その依頼を受け、奈良からは運慶が関東に下ってきた。彼は南都仏師でただ一人、法橋の僧綱を持つ康慶の息子である。

実は奈良では東大寺や興福寺の復興が始まっていた。そして成朝が鎌倉にいる間に、成朝が持っていた南京大仏師職（奈良の仏師集団の指揮者）を京都仏師に奪われかけた。それは頼朝の助けでことなきを得たが、これらの寺院での造仏事業を京都仏師に奪われないために、成朝や実力者の法橋康慶は奈良を離れるわけにはいかなかった。それで若いけれども実力があって三番目の立場にいたらしい運慶が選ばれたのであろう。

運慶は文治二年（一一八六）正月に興福寺西金堂本尊の釈迦如来像の造立に当たっていた。そして同年五月三日には伊豆国北条で造像作業を開始している。時政に依頼された仏像群を造り終わってから、それらを安置すべき願成就院が建立されたのである。

【運慶造立の阿弥陀如来坐像】　寄木造（よせぎづくり）・彫眼・漆箔（しっぱく）（漆を塗った上に金箔や銀箔を貼って仕上げる技法）で像高一四二・〇センチ。半丈六の大きさ（仮りにこの阿弥陀仏が立ち上がると一丈六尺の半分の高さになる、すなわち二メートル四〇センチとなるという意味）。頭部・体軀ともに立派で堂々としており、面相もたくましい。ただし眼が細く伏し目がち、同じく細く小ぶりでやや反り返った鼻を持ち、小さな髷（まげ）を頭に載せている。これは江戸時代中期に彫り直された結果と推定されている。なぜなら、以上の面相と髷はこの時代の男性の流行であったからである。

また正面の螺髪（らほつ）が多く欠け、両手の指も多く欠けている。これは、上方からの落下物が像の前面をかすって傷つけたためと推定されている。この時には、両目とその周囲・鼻も傷つき、そのために江戸時代に前記のように造り直されたと推定されている（以前には、この像が前に倒れて諸部分が欠けてしまったと言われたこともあった）。

この阿弥陀仏の手の印相が、従来、説法印（せっぽういん）と言われた形であることが注目される。説法印は両手を胸前に挙げる形で、阿弥陀仏が教えを説いている姿を示しており、奈良時代から平安時代初めに多い。続いて平安時代中期から末期の禅定印、その末期から鎌倉時代にかけての来迎印と続く。禅定印は阿弥陀仏が浄土で瞑想を凝らしている姿、来迎印は衆生を浄土に招いている姿である。

【仰接印と政子への祈り】　ところが近年、平安末期から鎌倉時代以降にも出現する説法印は、実は来迎印と同じ意味を持っており、仰接印と呼ぶべきであるという説が出た。それは『覚禅抄』が根拠になっている。『覚禅抄』は、康治二年（一一四三）の生まれで建暦三年（一二一三）までは活動が確認できる真言宗の僧侶覚禅が執筆したものである。その中に、十二世紀前半に活躍したと推定される安養房芳源阿闍梨なる僧侶の口伝として、

　是れ、弥陀仰接の印なり。

「これは阿弥陀如来の来迎を表わす印相である」としてある。つまり、もとは説法印として伝えられてきた印相は来迎印と同様の意味を持っているということである。

そしてまた近年の研究によれば、説法印も含めてその印相は、女性が建立した寺院あるいは女性のために建立された寺院、また女性が造立した阿弥陀仏像あるいは・女性のために造立された阿弥陀仏像に表現されているという（瀬谷貴之『運慶と鎌倉仏像—霊験仏をめぐる旅—』平凡社、二〇一四年）。確かに、筆者（今井）が調査した分も合わせて判明する

江戸時代までに造立された説法印・仰接印の阿弥陀仏像二十数体は、造立事情不明の三体ほどを除いてすべて女性が関係していた。

北条時政は娘政子が頼朝の妻になったことによって栄達の道を歩み始めているのである。頼りは政子である。とすれば、願成就院の本尊阿弥陀如来坐像が仰接印であるのは、まさにこの寺に政子の無事・安寧の祈りを込めたということであろう。願成就院建立の目的は奥州征伐の成功とはいいながら、実は新領地の獲得であり、そして一家栄達のためにも重要な祈りとして政子の無事・安寧があったのである。

【運慶造立の観音菩薩像・勢至菩薩像・不動明王像・毘沙門天像】『吾妻鏡』文治五年六月六日条に、願成就院の立柱上棟供養が行なわれ、本尊はすでにできあがっているとして「本尊は阿弥陀三尊、並びに不動・多聞の形像等也」とある。したがって観音菩薩像と勢至菩薩像が造立されたはずなのであるけれど、現在、この二像は所在不明である。

不動明王像（像高一三六・五センチ）は阿弥陀仏坐像に向かって左側に立つ。明王像の右側に矜羯羅童子（七八センチ）・左側に制吒迦童子（八二・六センチ）が立つ。三尊とも寄木造・玉眼である。不動明王は大日如来が一切の悪魔を降伏させるために忿怒の相を現わしたもの。すなわち大日如来と同一である。その使者であるともされる。

不動明王に対する信仰は平安時代に始まり、当初は国家に災いをなす敵を退散させるとしていた。平安時代後期には、治病や長寿・安産などの現世利益が期待できるとして、貴族の間で盛んになった。不動明王を本尊とする修法が不動法で、頻繁に行なわれた。

毘沙門天像（像高は一四七センチ、足の下に踏む天邪鬼を合わせての総高は一六三センチ）阿弥陀如来坐像に向かって右側に立つ。右足を一歩前に踏み出している。寄木造、玉眼、左手に宝塔（釈迦の舎利を安置）をかかげ、右手に立てた鉾を持つ。厚手のよく締まった皮甲（皮で作った鎧・甲）をつけ、武人の筋肉質な体つきを巧みに表現している。口は強く締まり、目は輝く。領地と軍事力増強を願っていた時政は、この姿に強い魅力を感じたのであろう。

毘沙門天は仏法守護と福徳施与（現世の経済的幸せを与える）という二つの誓願を持っている。四天王の中の多聞天と同一である。平安時代後期には不動明王像や吉祥天像と一組になった例が多くなる。鎌倉時代には阿弥陀三尊の両脇に毘沙門天像と不動明王像を配置する形式が目立ってくる。

仏都鎌倉の外城

源頼朝は早い時期から伊豆国の三嶋社と親しい関係を結んでいる。荘園を寄進し、二所詣の中に組み込み、鶴岡八幡宮寺・箱根権現・伊豆山権現とともに幕府の安穏を祈らせている。

伊豆国に本拠のある時政は三嶋社を支配下に置くべく努力し、建久五年（一一九四）十

一月一日までに三嶋社の神事を主催する権限を獲得した。『吾妻鏡』同日条に、
　北条殿、三嶋社神事経営のため、伊豆国に下向す。子息五郎主を相具し給ふと云々。
「北条時政殿は、三嶋社の神事を差配するために伊豆国に向かった。息子の五郎時房さんを連れて行かれたそうである」とある。

そして時政は元久二年（一二〇五）二月二十九日までに神主の任免権も手に入れた（「北条時政御教書」『三島神社文書』）。将軍は二年前から第三代の源実朝となっている。北条氏中心の幕府体制は着々と進み、その中で、北から南へ、箱根権現・走湯権現・三嶋社・願成就院という都市鎌倉の西の外城体制はしっかりと固まっていった。

北条政子と僧侶たち

政子の活動

北条政子は保元二年（一一五七）、伊豆国北条で誕生した。源頼朝が伊豆国に流されてきたのは、三年後の平治二年（一一六〇）のことであった。頼朝と政子が親しくなったのは治承二年（一一七八）のころと推定される。時政は二人の結婚に反対であった。しかし政子は自分の意思を押し通し、頼朝のもとに逃げたと、後に次のように頼朝に向かって述べている（『吾妻鏡』文治二年四月八日条）。

君流人(るにん)として豆州に坐(ま)しまし給(たまう)の比(ころ)、吾に於いて芳契ありと雖(いえど)も、北条殿時宜(じぎ)を恐れ、ひそかに引き籠めらる。しかもなお君に和順し、暗夜に迷い、深雨を凌ぎ、君の所に到る。

「あなたが流人として伊豆国におられたころ、私たちは結婚の約束をしていました。しかし父の時政殿が平清盛の怒りを恐れ、私を閉じ込めてしまいました。私はそれでもあなたに心を寄せて、夜に暗闇で道に迷いながら、大雨に耐えて、あなたの所に行ったのです」。

やがて時政は政子と頼朝に将来を賭け、結婚を許した。そしてその賭けは成功し、時政は平家打倒の挙兵をした頼朝とともに鎌倉に入った。政子は鎌倉殿（頼朝）御台所（みだいどころ）と呼ばれる身分となり、すでに挙兵の前に誕生していた大姫、挙兵後に生まれた頼家と、二人の子の母となったのである。引き続き、娘の三幡（さんまん）と息子の実朝を生んでいる。この間、頼朝は鎌倉幕府初代将軍となった。

【将軍家後家政子】　正治元年（一一九九）一月、頼朝が亡くなると頼家が「鎌倉殿」を受け継ぎ、引き続き第二代将軍となった。当時の武士は譲り状なしに死亡すると、その財産の権利は動産・不動産ともにまず配偶者が受け継いだ。頼朝の死亡は落馬または急病の結果で、譲り状はまだなく、その財産管轄の権利は政子が受け継いだ。将軍家後家政子の権威は強大であった。頼家は政子の承諾のもとに鎌倉殿・第二代将軍となったのである。

頼家は同年四月幕府の宿老十三人によって、将軍（鎌倉殿）の重要な権限である御家人の領地に関する裁判権を奪われた。しかし家来たちが勝手にこの権利を奪い取ることはできない。これは頼家の母政子の了承のもとに宿老が奪い取る形を取ったのである。なぜなら、当時親はいったん譲った財産を取り戻すことのできる「悔返」権を有していたからである。それは有形の財産のみならず、無形の財産に於いても同じであった。すなわち頼家が鎌倉殿になり将軍になれたのは、政子の譲りがあったからなのである。

また建仁三年（一二〇三）、時政は政子の了承のもとに頼家を将軍から降ろして実朝を第三代将軍とし、頼家を幽閉した修善寺で殺した。やがて時政はこんどは実朝を廃して、娘婿で甲斐源氏の平賀朝雅を第四代将軍にしようと画策した。危機を感じた政子と義時は京都にいた朝雅を殺し、時政を伊豆国に移してしまった。

こうして政治に深く関わるようになった政子は将軍家後家としての立場で幕府を支えていった。政子は建保六年（一二一八）に京都へ行き、子が生まれない将軍実朝の後継者を後鳥羽上皇の皇子から得ることに成功した。その折には従二位に叙されている。「政子」という名は、この叙位のために改名した名前である（それ以前の名前は未詳）。

【尼将軍政子】　またその年に実朝が暗殺されると、政子は幕府を主導して尼将軍と呼ばれた。後鳥羽上皇は約束を破ってその息子を将軍にすることを拒否したため、幕府では九条兼実の孫に当たる頼経二歳を鎌倉に迎えた（これは後鳥羽上皇が了承した）。頼経は源頼朝の同母妹坊門姫の孫にあたる。

二年後の承久三年（一二二一）、政子・義時の幕府軍は後鳥羽上皇の朝廷軍と戦って打ち負かし、上皇を隠岐に流した。承久の乱である。

乱後も政子は、引き続き尼将軍として政治活動を行なった。特に弟の義時が元仁元年（一二二四）に亡くなると、武士の慣行からいえば後継者だったその息子政村（まさむら）（二十歳）をさしおき、同じく息子ながら後継者ではなかった泰時（四十二歳）を第三代執権に押し立てた。泰時は政治的にも軍事的にも百戦錬磨の人物であり、承久の乱後、日本の統治権を握った幕府の指導者として適任と判断したからである。その翌年の嘉禄元年（一二二五）、政子は六十九歳の生涯を閉じた。

【政子と家族】　東国農村出身の一武士女性ながら、日本の政治を動かすまでに成長した政子は、しかしながら家族的には不幸が続いた。政子と頼朝との間には大姫（一一七八年ころの誕生）・頼家（一一八四年生まれ）・三幡（一一八六年生まれ）・実朝（一一九四年生まれ）という四人の子女があったが、全員、政子より先にこの世を去った。また夫も政子より先に亡くなっている。それぞれについて亡くなった順に記せば、以下のとおりである。

イ　大姫：大姫は長女で、少女のころから病気がちであった。六歳の時、婚約者の清水義高（よしたか）を父頼朝が殺したショックが原因とされている。義高は、頼朝が平家打倒で手を組みながらやがては滅ぼした木曽義仲の息子で、実質的な人質として鎌倉に来ていた。その後大姫は結婚話を拒みとおし、最後は後鳥羽天皇への入内（じゅだい）の話が進んでいる途中、建久八年（一一九七）七月に病気で亡くなった。二十歳であった。

ロ　頼朝：建久十年（一一九九）一月に亡くなった。

ハ　三幡：三幡は二女である。あまり頼りにならなかった子どもたちの中でいちばんしっかりしていて、政子のよき相談相手になっていた。頼朝は、大姫没後、三幡の後鳥羽上皇入内を推し進めていたが、成功する前に亡くなった。三幡自身も頼朝没の半年後の建久十年七月に病気で亡くなった。十四歳であった。

ニ　頼家：頼家は長男である。乳人（めのと）の比企能員（ひきよしかず）一家に育てられたが、北条氏をしのごうとする比企氏の教育もあって政子や時政に反抗的であった。やがて建仁三年（一二〇三）時政・政子によって比企氏は滅ぼされ、能員の娘若狭局（わかさのつぼね）との間に生まれていた頼家の息子一幡も殺された。翌年、伊豆修善寺に流されていた頼家も時政に暗殺されている。二十三歳であった。

ホ　実朝：頼家の後をうけて三代将軍となったが、承久元年（一二一九）、鶴岡八幡宮寺の境内で頼家の息子公暁（こうきょう）（「公暁」を「こうきょう」と読むのは、舘隆志「公暁の法名について」（『印度学仏教学研究』六一―一、二〇一二年）による）に暗殺された。二十六歳であった。この暗殺には裏で糸を引いていた勢力があるとして、従来、それは公暁の乳人三浦義村であるという説と北条義時であったという説とが並行していた。しかし最近には公暁単独の行動という強い説も出ていて、決着がついていない。
以上の家族状況が大きく影響したのであろう、政子は仏教に強く傾倒していく。目的は病気治療と極楽往生である。

永福寺薬師堂の施主となる

『吾妻鏡』建久五年十二月二十六日条に次の記事がある。

　永福寺内新造薬師堂供養。導師は前権僧正勝賢（しょうけん）と云々。将軍家御出。

「永福寺の境内に新しく建立した薬師堂の落慶法要があった。導師は前権僧正勝賢であったそうだ。頼朝様も出席された」。

勝賢は保延四年（一一三八）生まれ、保元・平治の乱で知られた藤原通憲（信西入道）の息子で、東寺長者・東大寺別当・醍醐寺座主などを歴任した。十二歳年上の兄澄憲は、頼朝の母が亡くなった後、七日ごとの法要の導師を務めている。

『吾妻鏡』同日条によれば、多くの御家人が頼朝のお供をしている。そして二日後の同書同月二十八日条に次のようにある。

　将軍家びに御台所・若公等、永福寺薬師堂に参じ給ふ。供養無為の間、故（ことさら）に御礼の仏儀に及ぶと云々。

「頼朝様と政子様および息子たちが永福寺薬師堂にお参りされた。これは一昨日の落慶

供養が無事に終わったので、あらためて特に御礼の法要をしたということである」。

【『転法輪抄』にみる政子の意欲】　ところで『転法輪鈔』所収の勝賢著『鎌倉薬師堂供養表白』によると、『吾妻鏡』に示されている建久五年十二月二十六日の永福寺の薬師堂供養は、正しくは同年三月二十六日だったようである。この法要は新しく建立した薬師堂の供養と同時に、その中に安置する一丈六尺の薬師如来や八尺の日光・月光二菩薩、六尺の不動明王・毘沙門天ならびに等身十二神将等の像、それから金字銀紙妙法蓮華経をはじめとする法華三部経（『無量義経』『妙法蓮華経（法華経）』『仏説観普賢菩薩行法経』）などの供養ということであった。

『鎌倉薬師堂供養表白』によれば、この薬師堂は頼朝の発願であることはもちろんながら、本文の最初に「敬白」として次の文章があるのが興味深い。文中の「女大施主平氏」は平政子すなわち北条政子と推定される。頼朝建立の永福寺について「女大施主」として示されるのは政子以外には考えられない。

南瞻部州（なんせんぶしゅう）大日本国信心女大施主平氏建立三間四面大伽藍に安置する（下略）。

「世界の南にある日本国の信心深い北条政子が建立した三間四面の大きな寺院に、（下略部分＝薬師如来以下の仏像群の名称）を安置する」。つまり、永福寺の薬師堂と仏像群は政子が施主となり、費用を負担したというのである。その政子の目的は、「先妣」すなわち亡母の極楽往生を願うものであったとする。政子の母は伊東祐親の娘と推定される。

加えて、恐らくは病弱の娘大姫の健康回復もあったであろう。この前後、『吾妻鏡』には大姫病気の記事が目立つのである。たとえば同書建久五年七月二十九日条に、

　将軍家姫君、夜より御不例。是、恒事たりと雖も、今日、殊に危急なり。志水殿の事有るの後、御悲嘆の故なり。日を追って御憔悴、断金の志に堪へず。

「大姫が夜から病気になられた。これはよくあることだけれども、今日は特に重篤である。志水（清水）義高殿が殺されてからのことで、それを深く悲しまれているのである。日に日に窶れていくのは、非常に仲よかったその昔を思い出すのに堪えられないからである」。

亡母の極楽往生だけだったら、永福寺阿弥陀堂の造立に尽力すればよいのである。薬師堂建立の大施主となっているのは、大姫の健康を祈るという政子そして頼朝の気持が込められていることに違いあるまい。

栄西を招く

栄西は中国から禅宗の一派である臨済宗を日本にもたらした人物として知られてきた。彼は永治元年（一一四一）に備中国吉備津宮の神主の一族

栄　西

に生まれ、天台宗の比叡山延暦寺で出家した。仁安三年（一一六八）、南宋に渡った。目的は政争に明け暮れ、教学的にも弱くなってきた天台宗を立て直そうということであった。この時はその年のうちに帰国したが、文治三年（一一八七）、四十七歳の時に再び入宋した。そして中国の仏教に惹かれ、足掛け五年間、主に禅の修行をした。この間、虚菴懐敞（こあんえじょう）の印可を受けて、臨済宗黄竜派の法を嗣（つ）いだ。もっとも、臨済宗黄竜派の禅とはいったいどのような内容であったのか、現在ではまったく不明である。

【栄西と南宋禅】　天台宗は、経典は『法華経』が中心で、その他すべての経典を包括して学び修行する宗派であった。思想的な構成要素は、円・禅・戒・密の四つからなっていた。「円」とは天台宗の根本教義で、欠けた所や不足の部分がないので「円」の文字によって表現される。「禅」は坐禅（心を落ち着かせる働き）、「戒」は戒律、「密」は密教である。天台宗ではこの四要素を完全に身につけることにより、優れた僧侶になり、やがて悟りに至るとされた。

しかし平安時代後期から鎌倉時代にかけて延暦寺の堕落が言われるようになった。栄西はそれを改革しようとしたのである。入宋した経験から判断すると、延暦寺の禅の正しい相承は絶えてしまっており、機能していない。これが堕落の主原因と判断されるので、新しく南宋の禅を移入し、正しい禅を延暦寺で復活させる必要がある。このように考えた栄西は、南宋の禅をの採用を主張した。しかし延暦寺の僧侶たちから強い反発を受けた。

栄西は二度目の入宋の後、建久二年（一一九一）帰国、九州と長門国（山口県）で活動し、建久五年（一一九四）に京都に移った。建久九年（一一九八）に『興禅護国論』を著わし、延暦寺などの自分への非難が誤っていること、正しい仏法とは何であるかを説いた。

【密教と戒律を重視】　栄西の仏教の特色は、禅とともに密教と戒律を重視していることにある。なかでも密教の祈禱に優れているとして知られていた。

栄西が南宋で受けた臨済宗は、インドの達磨（だるま）を開祖とし、唐の臨済義玄を宗祖とする禅宗の一派である。日本には鎌倉時代以降多くの僧によって伝えられた。それは四十六伝といい、流派を形成したものだけでも二十四流あったという。日本臨済宗の祖とされている栄西は、実際はこの二十四流のうちの一流の祖にしか過ぎない。しかもその流れは途中で断絶したという。現在の日本臨済宗における栄西の位置は臨済宗建仁寺派の祖ということである。

【栄西を招く】　正治元年（一一九九）三月、政子の十四歳の次女三幡は重体に陥った。彼女は以前から病気だったのである。『吾妻鏡』同月五日条に、

故将軍の姫君〔乙姫君と号す、字は三幡〕、去此より御病悩、御温気なり。頗る危急に及ぶ。尼台所、諸社に祈願あり。諸寺誦経を修し給ふ。亦、御所に於いて一字金輪法を修せらる。

「故頼朝様のお嬢様〔乙姫様という。呼び名は三幡である〕が先日来ご病気で、高熱が続いた。そして危篤に陥った。政子様は諸神社に病気回復の祈願をした。諸寺でも回復の読経をした。また、屋敷で大日如来の病気回復を祈る呪文（一字金輪法）を唱えられた」。

政子にとって、夫頼朝はこの年一月十三日に亡くなったばかりであり、あとを継いだ頼家とは仲が悪く、長女大姫はすでに亡く、次男の実朝はまだやっと八歳で、十四歳の三幡は家族の中で唯一の話し相手だったはずである。

当時、重病を治すためには二つの方法があった。一つは高名な医者に頼んで治療をしてもらうこと。もう一つは祈禱に優れていると評判の僧侶に祈禱をしてもらうことである。

政子は京都で高名な針博士丹波時長を招こうとしたが、時長は応じてくれない。切羽詰まった政子は後鳥羽上皇に依頼した。その依頼によって上皇が院宣を発し、時長が鎌倉に

来てくれたのはやっと五月六日になってからであった。京都から付き添ってきたのは御家人大友能直で、彼は三幡の乳人である中原親能の猶子である。親能は幕府政所別当大江広元の義理の兄弟である。

三幡の病状はいったんよくなったが、六月十二日に急転、悪化した。この間上洛していた親能は同月二十五日に鎌倉帰着、それを待っていたように三幡は五日後に亡くなった。『吾妻鏡』同月三十日条に、

午剋、姫君〔三幡〕遷化す〔御年十四〕。尼御台所御嘆息す。諸人の傷嗟、記すに遑あらず。乳母夫掃部頭親能、出家を遂ぐ。

「昼間の十二時ころ、お嬢様〔三幡〕が亡くなった〔年は十四〕。政子様はとても嘆かれた。皆が悲しんだことは文章では記せないほどだ。乳人である中原親能は出家した」と、政子や親能の嘆きが記されている。

実は政子はそれ以前、長引く三幡の病気回復すなわち延命息災のため、大々的な祈禱の準備をしていた。乳人の親能に指示したその内容は、奈良で不動明王を造らせ、栄西を鎌倉に招くことであった（拙稿「北条政子と栄西」『三浦古文化』四一、一九八七年）。

不動明王は、大力猛威を発揮して障害を破壊すると信じられている。その結果、現世利益の一つの延命息災が期待できる。そのためには不動明王に向かって不動法＝護摩法を修

し、祈るのである。政子や時政という北条一族にとって、不動明王は現世利益を得るためのもっとも適当な信仰対象であった。それは伊豆の願成就院の宗教世界を見れば明らかである。一方、栄西は祈雨の法をはじめとする祈禱に優れているとして評判が高かった。

栄西は、頼朝や時政と親しい平頼盛（清盛の異母弟）と近い関係にあった。また東大寺を復興中の大勧進（責任者）重源とも親しかった。さらに中原親能はこのころ南都仏師と一緒に東大寺復興に当たっていた。

以上により、不動明王は奈良で制作、栄西とともに鎌倉に下って三幡の病気回復を祈るという手筈になっていた。しかし予想外に三幡の病状悪化が早く、準備が整わないうちに亡くなってしまったのである。

【栄西、鎌倉に下向】『吾妻鏡』正治元年（一一九六）九月二十六日条に、

幕府に於いて不動尊一体を供養せらる。導師は葉上房律師栄西。布施は被物【五重】、果物五、馬一匹也。是、南都に於いて日来造立せらる。掃部頭親能の沙汰として去比召下し奉る。

「役所において不動明王像一体が披露された。導師は葉上房律師栄西で、栄西には着物五枚、金銀五袋、馬一匹が下された。この明王は、最近奈良で造立され、中原親能が手筈を整えて鎌倉に送られてきた」とある。

すでに三幡が亡くなっているにもかかわらず、栄西が鎌倉にやってきたのである。これは政子の希望であると同時に、栄西の意思でもあったろう。京都付近では活動が制限される状況にあったので、自分を認めてくれている鎌倉で活躍してみたいということである。

栄西は鎌倉到着の翌年に頼朝の一周忌の導師を勤めることができ、また政子が建立した鎌倉扇ガ谷の寿福寺の住職として迎えられた。寿福寺は七堂伽藍を有し、塔頭が十七もあった大寺院で、日本最初の禅道場であった。そして栄西は政子のみならず、第二代将軍頼家、続いては第三代将軍実朝の篤い帰依も受けている。この間、二日酔いに苦しむ実朝のために『喫茶養生記』を書いてあげるなど、特に実朝との親しい交流が知られている。

【栄西、上洛】　幕府は、建仁二年（一二〇二）、京都に建仁寺を建立した。真言（真言宗）・止観（天台宗）・禅の三宗を置く初めての寺で、住職は栄西である。建永元年（一二〇六）、栄西は重源のあとを受けて東大寺大勧進となり、建暦二年（一二一二）には法印、翌年には僧正となっている。

栄西は鎌倉で大歓迎を受けた後、早い時期に京都に凱旋している。これは、幕府は優れた僧侶の鎌倉移住を歓迎するという手本を示したことになる。南宋の禅を見本に、時代に即した新しい考え方も採用するという意思を示したことにもなるのである。

最晩年にこのように活躍した栄西は、建保三年（一二一五）、七十五歳で亡くなった。

僧俗男女に法を説く法然（『法然上人行状絵図』知恩院蔵）

法然の指導を受ける

政子は専修念仏で知られた法然の指導も受けている。法然は長承二年（一一三三）、美作国久米（岡山県久米郡久米南町）の武士漆間時国の子として生まれた。九歳の時、近隣に住む仲の悪かった武士の夜襲に遭い、父を失った。その瀕死の床で、時国は、息子が仇を討つのを禁じ、出家して自分の菩提を弔ってほしいと遺言したという。

法然は父の遺言に従って近くの寺で出家し、十三歳の時に比叡山に登った。その五年後には比叡山の西塔黒谷で隠遁生活に入り、多数の経典を読みとおし、すべての人が救われるにはどうしたらよいかという思索をこらした。それは二十五年間続いた。

【専修念仏に帰す】 やがて法然は恵心僧都源信の『往生要集』に引用されている唐の善導の『往生礼讃』に魅力を感じ、善導の思想を深く探るようになった。そして承安五年（一一七五）、四十三歳の時、善導の『観無量寿経疏（観経疏）』にある次の文に出会った。

> 一心に専ら弥陀の名号を念じて、行住座臥に、時節の久近を問はず、念々に捨てざる、これを正定の業と名づく、かの仏の願に順ずるが故に。

「他のことは何も考えず、ひたすら南無阿弥陀仏と称え、歩いている時も立ち止まっている時も、座っている時も横になっている時も、時間の長短を問わず一瞬一瞬に絶え間なく称える、これを極楽往生のための正しい行ないと名付ける。阿弥陀仏の、すべての人を救いたいという願いに応じているから」。ここに法然は、「たちどころに余行を捨て、ここに念仏に帰し（すぐさま他の修行を捨て、この時、本来そうすべきであった称名念仏に入っ）」た（『選択本願念仏集』）のである。この念仏が専修念仏である。

これ以前は「念仏」といえば「観想念仏」のことを意味していた。「極楽浄土のすばらしいありさまや、金色に輝く阿弥陀仏を心に思い浮かべ、目を開けても閉じてもそれらが見えるようにすること」であった。「口に阿弥陀仏の名を称える」念仏（称名念仏）も存在していたけれど、それは誰でも簡単にできるからほとんど価値がないものとされていた。前者は優れた行ないで「勝行」、後者は劣った行で「劣行」とされていた。しかし法然は後者こそが勝行、しかも極楽往生に至る唯一の勝行としたのである。

【崇拝者が広がる】　法然の専修念仏に対しては、当然、天台宗等の既成仏教の学僧から批判が出た。しかし法然は、世はまさに末法の時代であり、この時代では人（仏教用語では「機（き）」という）は自分の力（自力）で悟りを得る能力はないし、極楽往生できる力はない。阿弥陀仏の広大無辺の慈悲にすがるしか方法はないのだと説いた。まさに時機相応の教えである、と主張したのである。この後、法然は比叡山を下り、まもなく東山の吉水（よしみず）の草庵（そうあん）で専修念仏を説き始めた。

法然が社会的に知られるようになったのは文治二年（一一八六）、後に天台座主（ざす）（天台宗のトップ）になった顕真（けんしん）が大原に法然を招いて行なった宗教問答の大原談義（大原問答）である。法然はこの大原談義で「専修念仏は時機相応の教え」「能力のある人は従来どおりの修行を、自分は能力がないので念仏を称える」と主張し、顕真はそれを容認した。それによって九条兼実やその娘の任子（とうこ）（後鳥羽天皇の中宮）らの貴族をはじめとする多くの門弟が生まれた。法然の主著『選択本願念仏集』は兼実の要請によって執筆されている。

【悪人正機説】　法然の教えは、極楽往生を願う貴族・武士・農民たちにとって容易に受け入れやすいものであった。なかでも武士にとっての朗報は、悪人正機説であった。

悪人正機説とは、悪行を重ねて自分で自分のことを救えない悪人こそ、阿弥陀仏が真っ先に救おうとしている人である、とする思想である。この説は、従来、親鸞の思想として知られてきた。しかし現在では法然とその門下に広まっていた思想であることが確認されている。その悪人正機説に救われた一人に熊谷直実がいる。

【熊谷直実、法然に入門】　直実は武蔵国熊谷郷（埼玉県熊谷市）の武士で、一騎当千の荒武者として知られていた。ところが、平家討滅の際の一ノ谷の戦いで十六歳の平敦盛を討った慚愧と堕地獄の恐れに耐えられず、法然に救いを求めた。『吾妻鏡』建久三年（一一九二）十月十二日条によれば、そのきっかけは頼朝面前での領地争いの裁判に負けそうになり、カッとして出家、出奔したことにあったという。やがて京都に出て法然に面会し、自分のように罪を重ねてきた人間でも阿弥陀仏は救ってくれるのかと尋ねた。法然は、

罪の軽重をいはず、ただ念仏だにも申せば往生するなり。別の様なし。

熊谷直実

「今まで積んだ悪行の量が軽いか重いかなどとは関係なく、念仏さえ称えれば極楽往生しますよ。他に特別のことはありませんよ」と教えた。それを聞いた直実は「さめざめと泣」いたという。普通の人なら大喜びをするのに、なぜ泣くのかと聞いたところ、直実は、

　手足をもきり命をもすててぞ、後生はたすからむずるとぞうけ給はらんずらんと存ずるところに、ただ念仏だにも申せば往生するぞと、やすやすと仰（おおせ）をかぶり侍れば、あまりにうれしくてなかれ侍る。

「きっと、『手足を切り命を捨てて罪を償えば、お前は救われて極楽往生するぞ』といわれるかと思っていたのに、『ただ念仏さえ称えれば極楽往生するぞ』とわけなく仰ったので、大変うれしくて泣けてきたのです」と答えた。これには法然も感動したという（『法然上人行状絵図』）。

【直実、高声念仏にて入滅】　以後、直実は熱心な念仏の行者になり、承元元年（一二〇七）九月四日に高声（こうしょう）念仏で亡くなった。高声念仏とは、文字どおり大きな声で称え続ける念仏のことである。遠くにいる阿弥陀仏に届くようにとの願いからという。実は直実は前年二月、故郷の武蔵国村岡の市に「来年二月八日に往生します」と書いた立て札を立てていた。そして当日、集まってきた大勢の見物人の前で高座に上って目をつむり、

　高声念仏体をせむる事たとへをとるものなし。

「身体中を振り絞り、他の人の高声念仏に例を見ないほど大きな声で念仏を称え続けた」。ところがしばらくして目を開き、「往生は延期です。今度の九月四日には必ず往生するので、その日にまた来てください」と言った。群衆は「何だ、くだらない」と嘲って帰った。家族は「面目ない、恥ずかしい」と嘆いたが、直実は平気であった。そして九月四日、今度は群衆の前での高声念仏でほんとうに亡くなった。

なお『吾妻鏡』承元二年十月二十一日条によれば、直実は京都東山で亡くなったことになっている。少なくとも幕府で直実の死に様が話題になったことは確かなようであるから、政子もその噂は聞いていたであろう（拙稿「熊谷直実の高声念仏」『悪人正機の顔』東国真宗研究所、二〇一七年）。

【政子、法然に帰依】　親鸞筆写の『西方指南抄』に、「鎌倉二品比丘尼に進する御返事」という題のある書状が収められている。法然が政子に送った書状である。夫や子どもたちを次々に失った政子にとって極楽往生の問題は切実な事柄だったと推測される。そのためであろう、法然の指導も受けている。この「鎌倉二品比丘尼に進らする御返事」は、念仏の功徳についての政子の質問に対する長文の返答である。そこには、

念仏を信ぜざる人々の申候なる事、くまがへの入道、つのとの三郎は無智なればこそ、余行をせさせず、念仏ばかりをば、法然房はすすめたれと申候なる事、きわめたるひ

がごとにて候なり。（中略）有智（うち）・無智、善人・悪人、持戒・破戒、貴賤、男女もへだてず、もしは仏の在世の衆生、もしは仏の滅後の衆生、もしは釈迦末法の万年ののちに三宝みなうせてののちの衆生まで、ただ念仏ばかりこそ現当の祈禱とはなり候へ。

「念仏を信じない人たちの言うことには、熊谷入道（直実）・津戸（つのと）三郎は智慧がないので他の修行をさせず、念仏だけを法然房は勧めたのだと言っているのは、ほんとうにおかしなことです。（中略）智慧のある者・ない者、善人・悪人、戒律を守っている者・守っていない者、身分の高い者・低い者、男・女、それぞれに差をつけず、あるいは釈迦在世時の人たち、釈迦が亡くなってからの人たち、釈迦在世時の次の正法時千年・像法時千年・末法時一万年の後に来る仏法僧すべてが失われてしまう時代の人々にとってまで、念仏だけが現世・来世の祈りの方法となるのです」などと述べている。「津戸三郎」は法然に入門した関東の御家人である。法然は政子が知っているとみて直実とともにその名前を挙げたのであろう。

また法然はこの書状で、

念仏申事、やうやうの義は候へども、六字をとなふるに一切をおさめて候也。

「念仏を称えることについては、教学的にはいろいろありますけれども、『南無阿弥陀仏』という六文字を称えると、そこには阿弥陀仏のすべての功徳が入っています」と、ともかくも念仏を称えるようにと勧めている。

笹目の長楽寺を建立

【頼朝の菩提を祈る】　嘉禄元年（一二二五）、政子は鎌倉の長谷笹目ヶ谷に頼朝の菩提(ぼだい)を祈って長楽寺を建立した（鎌倉市笹目町）。しかし政子は同年に亡くなったので、北条泰時が寺を充実させたという。鎌倉幕府滅亡時に焼失するなどの災難にあったが、江戸時代に浄土宗の安養院として現在の鎌倉市大町に再建されている。本尊は阿弥陀如来である。

【政子の法名は浄土系】　政子の法名は安養院殿如実妙観大禅定尼である。「安養」とは阿弥陀仏の極楽浄土のことで、「禅定尼」は仏教に帰依した女性または禅宗の女性のことである。政子は阿弥陀信仰と中心とし、禅宗の信仰も重んじていたように見える。

北条義時の寺院建立

北条義時の政治活動

義時は時政の次男で長寛元年（一一六三）の生まれ、姉の政子が源頼朝と結婚したこともあり、父とともに平家討滅戦争に参加した。その後は鎌倉幕府の中で頭角を現わし、また有力な武士たちを倒していった。特に頼朝が正治元年（一一九九）に亡くなると、三年後、時政は大江広元とともに政所別当に就任、同年には武蔵国の国務を任された。これは武蔵守であった娘婿の平賀朝雅が京都守護就任に伴って武蔵国を離れるので、岳父の時政が武蔵国務を代行することになったためである。翌年の元久元年（一二〇四）三月、こんどは義時が相模守となった。こうして時政・義時父子で幕府の地元である相模国と武蔵国を握ったのである。

【父時政との対立】　元久元年（一二〇四）十一月、時政と後妻の牧氏との間の息子で、時政の嫡子と目される政範十六歳が病没した。そして翌元久二年（一二〇五）閏七月、時政は娘婿で武蔵国の大豪族畠山重忠を滅ぼした。この中で時政と義時はしだいに対立状態を深めていたようで、この月に時政が牧氏とともに実朝を廃して平賀朝雅を将軍に立てようとすると、義時は政子と組んで一挙に時政を屈服させ、急使を派遣して朝雅を殺し、時政を牧氏ともども伊豆国北条に隠居させた。御家人たちの多くも義時の味方であった。

【相模国山内荘を手に入れる】　義時は政所別当となって幕府の実権を握った。やがて建暦三年（一二一三）五月、相模国の大豪族三浦氏の庶流で幕府侍所の別当であった和田義盛を挑発して挙兵させ、そして滅ぼした。慈円（じえん）の『愚管抄（ぐかんしょう）』にはこの義盛について次のように書いてある。

　義盛左衛門と云う三浦の長者、義時を深く嫉みて討たんとの志ありけり。

「和田左衛門尉義盛という三浦の惣領は、義時を深く妬（ねた）んで討とうとしました」。庶流ではあるけれども、義盛は三浦氏の実質的な惣領と見られていたのである。嫡流の三浦義村とは微妙な気持の相違があったようであり、当初義盛に協力すること約束した義村は、途中で裏切って義時に味方している。

そしてこの戦いの勝利は、義時そして以後の北条氏にとって多大の利益をもたらした。それは鶴岡八幡宮寺の北部にあった山内荘（やまのうちのしょう）を得たことである。ここは領主であった有力御家人土肥維平（といこれひら）が義盛に味方したため没収され、義時が得た。この荘園は鎌倉市北部から横浜市栄区一帯にあたる広大な、そして肥沃な土地であった。

北条氏は相模国にはほとんど領地がなかったが、山内荘を得た結果、安心して鎌倉での政治活動ができるようになった。ここには山内殿と呼ばれた北条氏嫡流の別邸が建てられ、また従者たちの邸宅も次々に建てられて多数の兵力を準備しておくことができるようになったからである。鎌倉から山内荘に入る本道である小袋坂（こぶくろざか）の先には、建長寺・最明寺・円覚寺・浄智寺・東慶寺などの北条氏に関係の深い寺が次々に建てられていった。

【策謀家かつ慎重な性格】ただ義時は、寺院・神社等においては自己主張することなく、父を追放して十四年、山内荘を得てからでも五年、神社はもちろん寺院を建立することはなかった。あくまでも頼朝の寺院・神社崇敬を受け継ぎ、推し進める方針をとったのである。義朝は父時政に似て策謀家であったけれども、より慎重な性格であった。

なお小袋坂を「巨福呂坂（こぶくろざか）」と表記するのは江戸時代になってからである。そして現代の巨福呂坂は新道で、旧小袋坂は、現代の鶴岡八幡宮の北西部に途中まで残っている。

大倉薬師堂建立

『吾妻鏡』建保六年（一二一八）七月九日条に、次の文がある。文中、「右京兆（うきょうちょう）」は「右京職（京職は京の管理をする職）」の中国名で、義時のことである。

未明、右京兆大倉郷に渡御し、南の山際において便宜の地を卜す。一堂を建立し、薬師像を安置すべしと云々。

「夜明け前のまだ暗い時間、義時は大倉郷に行かれ、大倉山の南の端に良い場所を占った。お堂を建立して薬師像を安置したいということであったという」。

【薬師信仰の流行】　頼朝のころから薬師堂を建立し、あるいは薬師如来を造立するのは阿弥陀如来と並んで幕府関係者の流行であった。永福寺に政子が薬師堂を建立して薬師三尊を安置したのは前述したとおりである。承元二年（一二〇八）には鶴岡八幡宮寺に神宮寺が建立された。その本尊は薬師如来であった。また建暦元年（一二一一）、政子はこの神宮寺に別の金銅の薬師三尊像を寄贈した。さらに将軍実朝も、建保四年（一二一六）、七仏薬師像を持仏堂に安置した。七仏薬師とは、薬師如来像とその別名の如来像合わせて七体を崇拝する信仰である。この持仏堂の本尊は南都仏師の運慶が造立した釈迦如来像であった。

また『吾妻鏡』承久三年（一二二一）十二月十一日条に、

右京兆室立願の薬師如来像一体、産所に於いて供養を遂ぐ。

「義時殿の妻が希望していた薬師如来像一体が、産室でお披露目された」とある。産室まで持ち込まれているのである。

これらの薬師信仰が盛んなことは、京都の貴族たちも同様であった。九条道家の日記『玉蕊』建暦二年（一二一二）六月二十一日条に「七仏薬師法を始める」などとあるのを初めとして、いろいろな日記などに出る。いずれも病気回復・息災、安産・長寿を祈っている。

建保六年（一二一八）十二月二日、義時は大倉薬師堂に薬師如来像を安置した。『吾妻鏡』同日条に次のようにある。文中、「雲慶」とは奈良仏師の運慶のことである。

右京兆（中略）草創せしめ給ふ所の大倉新御堂に薬師如来像〔雲慶、之を造り奉る〕を安置し奉り、今日供養を遂げらる。導師は荘厳坊律師行勇。

「義時殿（中略）が創建した大倉新御堂に薬師如来像を安置し、今日お祝いの法要が行なわれた〔運慶がこの像を造られた〕。導師は荘厳房律師行勇である」とある。導師の行勇は密教僧で、栄西の次の第三代東大寺大勧進職に任ぜられている。義時が大倉に薬師堂を建立したのは、義時が幕府内における勢力に自信を持ったことを示すものではなかろうか（拙稿「北条義時と寺社および大倉薬師堂の草創（下）」『鎌倉』六三、一九九〇年）。

大倉薬師堂はその後二度ほど焼けてしまった。現在の鎌倉市二階堂にある北条貞時建立の覚園寺は、大倉薬師堂の後を受けたとされている。

仏都鎌倉の発展

承久の乱と幕府の勝利

承久の乱

【後鳥羽上皇の強い王者意識】　仏都鎌倉は源頼朝・北条政子・北条義時らによって基礎が作られた。時期を区切れば、それは頼朝の挙兵の治承四年（一一八〇）から将軍頼家・実朝と続き、北条泰時が執権になった元仁元年（一二二四）までの約四十五年である。そして仏都鎌倉の発展は、創立の時期と少し重なるが、承久三年（一二二一）の乱で幕府軍が後鳥羽上皇の朝廷軍に勝利したことに始まる。

承久の乱は、後鳥羽上皇の誤算から起きたものである。治承四年（一一八〇）誕生の上皇が即位したのは、その三年後の寿永二年（一一八三）であった。源平の戦いの最中である。やがて建久三年（一一九二）、それまで治天の君として絶対的な権力を握っていた後白河法皇が亡くなったのを機に、後鳥羽天皇が治天の君になった。そして建久九年（一一九八）、息子の土御門天皇に譲位して院政を開始したのをきっかけに、権力に意欲を見せはじめた。建仁二年（一二〇二）、内大臣ながら源博陸と呼ばれて大きな権力を握っていた土御門通親が亡くなると、絶対的な権力を振るい始めた。

ちなみに、通親は村上源氏で関白にはなれない慣例であったが、関白同様の権力を握ったので、関白の唐名である博陸を用い「源博陸」と呼ばれたのである。

【上皇と『新古今和歌集』】　後鳥羽上皇は、幕府の成立によってさらに朝廷が弱体化しつつあるのを横目で見ながら、一方では強い王者意識でかつての盛んな朝廷の勢いを復活させようとした。その際、伝統的な文化力は貴族で維持しつつ、不足である軍事力は幕府に担当させようとした。文化力の代表的なあり方は和歌である。それは『古今和歌集』の序文に、和歌は「世を治め、民を和ぐる道」とあることで明らかである。武器を使わずに人を動かせて、平和のうちに支配を貫徹できるからである。そのために朝廷に和歌所を設置し、責任者の藤原定家以下数人の寄人（職員）で編纂させたのが『新古今和歌集』であった。

【将軍源実朝の上皇崇敬】　幸い、建仁三年（一二〇三）から第三代将軍となった実朝は、上皇を強く崇敬していた。それは次の和歌によっても判明する。

山は裂け　海は浅せなむ　世なりとも
君にふた心　わがあらめやも

「(天変地異によって)山が裂けてしまい、海が干上がってしまう世になっても、後鳥羽上皇様を裏切ることは、私については決してありません」。

【義時追討の院宣】　しかし上皇の政治方針は、承久元年(一二一九)、実朝が暗殺されたことによって齟齬をきたす。必ずしも実朝の上皇に対する心情に賛成でなかった義時や他の幕府の要人たちは、上皇の思うとおりには動かなくなった。幕府そのものの必要性は認めていた上皇は、義時追討の院宣を発した。上皇は義時以外の武士たちは上皇の意に従い、幕府を再び支配できると信じていたのである。

義時およびもと貴族で政所別当の大江広元、同じく問注所執事の三善康信らは徹底抗戦の構えを取った。彼らは、後鳥羽対義時の図式を、朝廷対幕府の図式にすり替えて朝廷を叩く作戦を取ったのである。その先頭に立ったのが政子であった。

【政子の演説】　政子は院宣に動揺する御家人たちを集め、次のような熱弁を振るった。彼女は幕府を創設した源頼朝の代理として話をしようとしているのである。『吾妻鏡』承久三年五月十九日条に、

皆心を一にして承るべし。是れ最後の詞なり。故右大将家朝敵を征罰し、関東を草創してより以降、官位と云ひ、俸禄と云ひ、其の恩既に山岳よりも高く、溟渤よりも深し。報謝の志、浅からんや。而るに今逆臣の讒に依って、非義の綸旨を下さる。名

を惜しむの族は、早く秀康・胤義らを討ち取り、三代将軍の遺跡を全すべし。但し、院中に参ぜんと欲する者は、只今申し切るべし。

「全員心を一つにして私の話を聞きなさい。これは最後の指示です。頼朝様が朝敵を征伐して幕府を作ってから、位をもらうことについても、収入を得ることでも、今まで頼朝様の恩は高い山々よりも高く、深い海よりも深いのです。そのことへの感謝の気持が浅いはずはないでしょう。ところが今、上皇についている悪い家来たちのため、上皇は間違った命令を下されました。誇りを持っているそなたたちは、早く上皇をそそのかした藤原秀康や三浦胤義らを討ち取り、頼朝様以下三代将軍が残した名誉と財産を守りましょう。ただ、上皇に味方したい者はそれで構わないから申し出なさい」。

そしてまた政子は、御家人たちは大番役が頼朝のおかげで三年から半年に縮まり、多大の恩恵を受けたことを述べた（『承久記』）。御家人たちはその大番役がとても辛かったことを思い起こし、上皇方に負けたらまたあの三年の苦しさが戻ってくると、全員が感激して朝廷方と戦う意思を示したという。『吾妻鏡』同前条に、

悉(ことごと)く命に応じ、且つは涙に溺(しず)みて返報を申すに委(くわ)しからず。只(ただ)命を軽んじて恩に酬(むく)いんことを思ふ。

「政子の演説を聞いた者は全員、政子の指示に従い、あるいは感激の涙を流してはっき

りとは返事ができなかった。戦いで危険をも顧みず頼朝に恩返しをしようとのみ、思った」と記されている。

それでも天皇・上皇の権威は大きく、また戦功によって恩賞を得ようとする御家人たちは上皇のもとに集結した。たとえば相模の大豪族三浦義村の弟胤義や大江広元の長男親広も、京都で上皇に味方した。親広の嫡男佐房（すけふさ）は幕府軍の一員として鎌倉から京都に攻め上っているから、御家人が一致して上皇と戦ったという単純な話ではない。たまたま在京していただけの御家人が上皇方に引き込まれた例もある。

【幕府の勝利、日本の支配権を得る】　北条泰時を大将にした東海道軍、甲斐源氏の武田信光・小笠原長清を大将にした東山道軍、北条朝時（泰時の弟）を大将にした北陸道軍は三方から京都に攻め込み、反撃を予測していなかった上皇軍を打ち破った。

勝利した義時は仲恭（ちゅうきょう）天皇を退位させ。後鳥羽上皇と息子の二人の上皇・二人の親王を流罪、その他十四人いた後鳥羽上皇の息子すべてを出家させた。そして後鳥羽上皇の同母兄で僧籍にあった守貞（もりさだ）親王を還俗させ、治天の君として院政を開かせた。これが後高倉院で、その息子を後堀河天皇として即位させた。以後、天皇の即位には幕府の了承が必要となった。

また後鳥羽上皇方の貴族の荘園二千余ヶ所を没収した。加えて王家（天皇家）領の荘園数百ヶ所もいったん没収、幕府が必要な時にはいつでも引き渡すようにとの条件で後高倉院に返却した。さらに、従来の京都守護（幕府の出先機関）を拡大して六波羅守護とした。これ以前は、京都守護の仕事と六波羅に詰める仕事とは別々の者が担当していた。

京都の皇居内外の警備は検非違使や北面の武士・西面の武士の権限であった。しかし承久の乱以降はしだいに武官が供給できなくなり、十数年後にはほとんどその権限を幕府に奪われた。なお、六波羅守護は鎌倉時代末期に六波羅探題と呼ばれるようになっている。

【隠岐本新古今和歌集】　一切を奪われた後鳥羽上皇は、ただ『新古今和歌集』と編纂資料のみ持って隠岐島へ旅立った。それからは王者としての意識のもとに『新古今和歌集』の再編集を続けて、新らしい和歌集を作った。隠岐本『新古今和歌集』である。

鎌倉幕府の日本支配

【幕府と朝廷の力関係が逆転】　以後日本の権威の源は変わらず朝廷が戴く王家にあるが、事実上の力関係はすっかり変わり、逆転した。日本を支配する力と責任は幕府に移った。その結果、幕府にとって次の三点が重要な課題となった。

①　幕府に日本全体の安定化の責任が生じた。

以後、武士の利益だけの追求はできないということである。安定感のある政治とバランス感覚に富んだ有能な指導者が求められた。その観点から、後継者争いでもめた果てに第三代執権となった北条泰時はまさに適任であった。

②　裁判の基準の明確化の必要が生じた。

御家人たちにとって重要な問題は土地争いであった。現代とは異なり、一つの土地に複数の領主がいることや、同じく現代とは異なり、境界線が明確でない土地が多いことから発生する土地争いである。これらは朝廷側の多くの荘園が幕府側に移ったことも大きな影響を及ぼしている。そして幕府ではいまだなかった裁判のもとになる成文法の作成が求められた。その成文法、すなわち御成敗式目は泰時執権就任後八年目の貞永元年（一二三二）に制定された。後世には貞永式目と呼ばれた。

③　学問・文化のいっそうの重視の必要が生じた。

後鳥羽上皇の支配政策同様、鎌倉幕府もすでに武力だけで日本支配を進めるのではなく、武力と学問・文化力で政治を推し進めなければならない時代に入っていた。これはすでに第三代将軍実朝が先駆的に進めていた政策であった。実朝の場合は少し早すぎて、御家人たちに受け入れられなかった気配があるが、泰時はこの政策を推し進めざるを得なかった。そして学問・文化力を中心になって蓄える役割を、弟の実泰とその息子実時の金沢家に担当させた。それが今日に残る金沢文庫成立の由来である。泰時は金沢家を王者の推し進める「文武」のうちの「文」を担当する家としたのである。

【仏教の重要性が増す】　泰時とその後を継いだ執権たちにとって、仏教のもつ重要性はより強くなった。仏教は心を安定させ、また人を殺す戦争を否定して社会を穏やかにすることにつながるからである。結果、多くの僧侶が招かれ、寺院が建立され、鎌倉は仏都として充実していった。

積極的な仏教利用

【幕府の執権・支配層の自己鍛錬】　北条泰時以下、新しく日本支配とその安定化にたずさわることになった執権や支配層の人たちの精神的重圧は大きかったであろう。それに耐えていく力を養うための自己鍛錬として、彼らは禅を選んでいる。ただ、それは禅宗が社会一般に広まったということではなかった。

【南宋の仏教文化を採用】　幕府の武士たちは、京都の伝統的文化にあこがれを抱くとともに、自分たちの伝統的な文化について劣等感を抱いていた。それが仏教や貿易を通じて南宋ひいては大元との交流を盛んにする要因となった。仏教では南宋の純粋禅を取り入れ、仏像彫刻では同じく南宋の深い彫り込み・複雑な衣紋・法衣垂下(ほうえすいか)形式などを採用した。また貿易のために国府津に、執権泰時の時代には鎌倉に外国船が入れる港を築いた。

なお、中国大陸に生まれた唐や明(みん)その他の王朝の名は、唐や明などの一字名であった。時に美称として「大唐」とか「大明」などとすることもあった。しかし蒙古民族のフビライが始めた元のみは、正式名称が「大元」である。「大元」は「元」の美称ではない。

北条泰時と法然の門弟との交流

北条泰時の活躍

泰時は寿永二年（一一八三）に義時の長男として生まれた。ただし母は義時の嫡妻ではなかった。母の名と出身の家は一切不明である。その後義時が嫡妻として選んだのは比企能員一族の「姫の前」で、彼女との間に建久四年（一一九三）に朝時が生まれ（名越家の祖）、建久九年（一一九八）に重時（極楽寺家の祖）が生まれた。武士の慣行でいえば、義時の嫡子すなわち後継者は泰時ではなく、朝時であった。

しかし、やがて北条時政が比企能員を滅ぼしたことにより、姫の前は離婚して京都に去った。後、義時は伊賀朝光の娘（伊賀の方）を妻とし、誕生したのが元久二年（一二〇五）生まれの政村と承元二年（一二〇八）生まれの実泰（金沢家の祖）であった。ここに、これも武士の慣行により、義時の嫡子は朝時から政村に変わった。

ただ泰時は政治・軍事両方に優れた能力を発揮し、父義時や伯母の政子に期待されて幕府の重要な役職につき、承久の乱では事実上の総大将として朝廷軍を破っている。戦後は六波羅守護北方として京都に残り、朝廷との交渉に当たって成果を挙げていた。

【期待された泰時】　元仁元年（一二二四）六月、承久の乱の三年後、義時が亡くなった。ここで二十歳の政村が後継者として立つのが通例であり、事実そのような動きとなった。しかし北条政子や京下りの事務官僚たち、特に政所別当の大江広元や同執事（次官）の二階堂行盛らは泰時を選んだ。政子は幕府内で最大の豪族で、政村の烏帽子親でもあった三浦義村も説得して諦めさせ、泰時を第三代執権に押し上げたのである。

【泰時の課題】　泰時の課題の第一は、政村とその周囲の者たちや朝時と周囲の者たち、さらにその他の北条一族の中でどのように指導力を確立していくかであった。泰時が父の遺産分けで弟妹に過分に与えて喜ばれたこと、また朝時の同母弟重時と政村の同母弟実泰をあつく取り立てたことは興味深い。特に重時と実泰は、仮りに朝時あるいは政村が権力を握っても、所詮傍流でしかない。それなら自分が重用して味方させようと、泰時はたくみに重時と実泰を取り込んだのである。

課題の第二は、朝廷と融和をはかることであり、同時に支配下に置く政策を推し進めていくことである。泰時のその政策はしだいに効果を発揮していった。

法然の門弟宇都宮頼綱（実信房蓮生）と親しむ

【幕府を大倉から宇都宮辻子に移す】　承久の乱において、京下りの官僚たちを率いて武士たちを勇気づけ、朝廷方と戦わせようとした元貴族の大御所二人のうち、三善康信は戦後一ヶ月ほどのうちに亡くなった。もともと重病であった。残る一人の大江広元は翌年の嘉禄元年（一二二五）七月に亡くなった。また泰時を執権に押し上げた政子も、その前月に亡くなっていた。三人とも泰時の能力を認めていた人たちである。

有力な後ろ盾を失ったけれども、泰時はすでに四十三歳、思い切った手を打って自らへの求心力を強めようとした。その第一は誰もが尊敬する政子の法要を盛んに行なうことであった。盛大な葬送から始まり、翌年の一周忌、一年おいての三回忌を主催し、泰時の指揮力を御家人たちに知らしめたのである。

第二は、頼朝が鎌倉に入って以来四十数年、義時に至るまで守ってきた将軍の居所や幕府の主な役所群を大倉から移動させたことである。移動させた先は現在の鶴岡八幡宮三の鳥居近くの宇都宮辻子であった。『吾妻鏡』嘉禄元年十月十九日条に、次のようにある。「御所」とは、この場合、次期将軍予定者九条頼経（まだ元服していない。幼名は三寅）の居所であり、すなわちそこは幕府の主な役所群が存在する所なのである。

　武州の御邸において、相州已下、御所地定め有り。小路〔宇津宮辻子〕東西間何方用いらるべきやの事、人々意見すること、区々。

「泰時の屋敷において時房以下、新御所を確定させることで相談があった。それはある小道〔宇都宮辻子である〕の東側がいいか、西側がいいかということについてである。いろいろ考えが出た」。新御所は、この日までに、「宇都宮辻子」の東側か西側にしようと決まっていたということである。宇都宮辻子は宇都宮頼綱とその一族の住む屋敷地であった。

ちなみに、「辻子」と似たような用語に「辻」がある。「辻」は広い道路と他の広い道路との十字路である。「辻子」は広い道路を横切る細い道のことである。

【若宮大路と横大路】鎌倉で広い通り、そして中心になる通りといえば、鶴岡八幡宮寺から南の海岸へ向かう若宮大路が思い浮かぶ。したがって、その大路を横切る細い道なら東西に走っていることになる。そこで宇都宮辻子を問題にするなら「東西」ではなく、「南北」とすべきではないか。このような理由で、長い間、この記事および同様に「東西」としてある同書同月二十日の記事二ヶ所合計三ヶ所は誤りではないかとされてきた。

しかし近年の研究により、幕府創立からこのころの大路は若宮大路ではなく、三の鳥居の前を東西に貫く六浦道（横大路）であったと判明した。横大路を東へ進むとまもなく金沢街道（金沢鎌倉線）へ出て、さらに大倉幕府へと進む。そこには将軍の居所があり、幕府の役所群があった。つまり宇都宮辻子は横大路を南北に通る細い道だったのである（秋山哲雄『都市鎌倉の中世史―吾妻鏡の舞台と主役たち―』歴史文化ライブラリー、吉川弘文館、二〇一〇年）。

泰時・時房以下が相談したのは、新御所は横大路を南北に走る宇都宮辻子の東側にしようか、西側にしようかという相談だった。『吾妻鏡』は間違っていなかった。

やがて十一月、宇都宮辻子での建築も始まり、十二月五日には新御所の上棟式があって完成に至った。十二月二十九日、八歳の三寅（みとら）は元服して九条頼経となった。続いて翌嘉禄二年（一二二六）年一月二十七日、頼経に将軍宣下（せんげ）があり、同時に右近衛少将に任ぜられ、正五位下（しょうごいのげ）に叙された。六年ぶりに将軍が復活したのである。

【泰時の孫経時と頼綱の孫娘と婚約】　こうしていわゆる大倉幕府から移動して宇都宮幕府に根拠地を置く泰時体制が出発したのである。ではなぜ頼朝以来の大倉を捨てて宇都宮辻子に移ったのであろうか。前述したように、宇都宮辻子は御家人宇都宮頼綱の屋敷地であった。そしてこの嘉禄二年、泰時は長男時氏の嫡男経時三歳と、頼綱の孫娘三歳とを婚約させた。泰時は一族以外の御家人では宇都宮頼綱をもっとも頼りにしていたことが推察される。そのためであろう。では頼綱とはどのような人物であったろうか。

【北関東の大豪族宇都宮頼綱】　宇都宮頼綱は北関東の大豪族で、下野国南部・中部一帯と新しく常陸国笠間郡を支配していた。この頼綱は藤原道兼（みちかね）（御堂関白と呼ばれた道長の兄）の子孫とされているけれども、もともとは下野国土着の武士であったという説も強い。

頼綱の祖父朝綱は源頼朝の幕府創業に参加して大きな功績を挙げ、頼朝から「坂東一の弓取り」として賞賛された。また朝綱の妹寒河尼（さむかわのあま）は頼朝の乳母の一人であった。さらに頼綱は北条時政の婿となって惣領の泰綱を儲（もう）けている。

【宇都宮歌壇】　また頼綱の母は平清盛の従兄弟平長盛（たいらのながもり）の娘であった。長盛は清盛と同様に軍事貴族であり、京都に住んでいた。頼綱の祖母も京都の女性であったという。その関係から頼綱には京都に姻族が多かった。中でも注目すべきは、和歌の藤原定家・為家父子である。定家の指導を受けた頼綱とその一族には和歌に優れた者が多く、歌人の集団で

北条時政①―政子
北条時政①―義時②―泰時③―時氏―経時④
北条時政①―女子＝頼綱
宇都宮業綱＝女子（長盛の娘）―頼綱
頼綱＝女子（時政の娘）―泰綱―女子＝時氏
頼綱＝女子（時政の娘）―女子＝為家―為氏
藤原定家―為家
平忠正―長盛―女子
忠盛―清盛

ある京都歌壇（定家が中心）・鎌倉歌壇（鎌倉に集う歌人たち）に並ぶ宇都宮歌壇を形成した。やがて頼綱の娘の一人は定家の後継者の為家の妻となり、嫡男の為氏を生んでいる。

泰時は、日本の王者たる後鳥羽上皇から支配権を奪ったなら、幕府が軍事力とは異なる文化力も強めていかなければならないことはよく理解していたはずである。それは具体的には、まず和歌であった。『新古今和歌集』編纂の責任者で後鳥羽上皇の信任あつかった藤原定家と親しく、和歌が得意な宇都宮頼綱は味方につけるべきかっこうの人物であった。しかも頼綱は自分の叔母の夫であり、定家の嫡子為家の妻は自分の従妹である。そして頼綱は浄土宗を開いた法然の最晩年の門弟であった。

【頼綱、法然に入門】 元久二年（一二〇五）閏七月、頼綱は山々で国境を接する隣国常陸の笠間郡に侵攻した。宇都宮氏は温暖で農業生産物豊かな笠間郡を長い間狙っていたのである。ところが侵攻の戦争中、鎌倉で北条時政対義時・政子の争いが起こり、時政が敗れて伊豆国に隠居させられた。翌八月、時政の娘婿である頼綱は、時政に味方し将軍に謀叛を企てたという理由で追討されることになった。頼綱は謀叛の意図がないことを必死に弁明し、ついには主だった家来たちと出家引退して鎌倉に来て、髻を義時に届けて詫びた。『吾妻鏡』同月十六日条に、

宇都宮弥三郎頼綱、下野国に於いて遁俗す（法名は蓮生）。同じく出家の郎従六十余人と

云々。

「宇都宮弥三郎頼綱は下野国で出家した（法名は蓮生である）。同じく出家した家来は六十余人ということだ」。比企能員一族・畠山重忠一族等のような一族全滅にあわや至るという悪夢を見た頼綱は、これでやっと勘弁してもらうことができた。頼綱はまだ二十八歳であった。笠間郡侵略は弟の塩谷朝業（しおのやともなり）が指揮を取り、ほどなく完全に占領した。

しばらく行方をくらましていた頼綱は法然に入門した。それは承元元年（一二〇七）、摂津国勝尾寺（かつおうじ）（大阪府箕面市）においてであったようである。すでに法然の門に入っていた熊谷直実の紹介であったという。法然はこの年二月に四国に流されたが、十二月には仮りの赦免が認められ、勝尾寺まで戻ってきていた。ただし京都に入ることは許されなかった。

頼綱は戦さで多くの人を殺したことによる堕地獄の恐れを、直実同様、法然の専修念仏によって逃れようとしていたのであろう。法然の救いの教えが悪人正機説を伴っていたことも、大きな安心感をもたらしたのではなかろうか。頼綱の法名は蓮生（れんしょう）であるが（正確には実信房（じっしんぼう）蓮生）、これは直実の法名である蓮生（れんせい）をもらって（正確には法力房（ほうりきぼう）蓮生）読み方だけ変えたとする伝えがあることも興味深い。

法然は、建暦元年（一二一一）十一月、流罪を正式に赦免され、京都東山に帰った。そして早くも翌年一月に亡くなった。八十歳であった。

【頼綱、証空に帰依】　その後頼綱は法然の高弟の一人である善慧房証空の指導を受けるようになり、以後三十数年間、証空に尽くした。

証空は治承元年（一一七七）に加賀権守親季の息子として生まれ、九歳の時に土御門通親の猶子となった。通親は朝廷の実力者で、建久七年（一一九六）には関白九条兼実を失脚させて外孫土御門天皇を立て、後鳥羽院政下に源博陸と呼ばれて権勢を振るった人物である。

建久元年（一一九〇）、証空は十四歳で出家し、法然の門に入って専修念仏を学んだ。建久九年（一一九八）、法然が『選択本願念仏集』を撰述するにあたり、わずか二十二歳で真観房感西とともに勘文の役を務めたとされる。勘文の役とは、法然が『選択本願念仏集』に引用したい文章を諸経典・諸研究書から選び出す役であるから、経典等について広く深い識見を有していなければならない。証空はよほど優れた人物だったのである。頼綱はこの証空の指導を熱心に受けた。

一方、頼綱は出家しつつも、依然として宇都宮氏の惣領としての立場は維持していた。朝廷の貴族の世界では出家すると政界を引退することが慣わしであった。しかし幕府の武士の世界ではそうではなかった。頼綱出家後、宇都宮氏を代表して幕府に出仕していたのは、弟の塩谷朝業であった。この朝業も証空の門に入って信生（しんしょう）という名を与えられている。彼は法然没後の遺弟という意識が強かった。

【頼綱、政治活動に復活】やがて頼綱は義時との関係も良好になり、幕府内での活動を再開した。それは建保二年（一二一四）五月、園城寺の改築を引き受けて山王社の拝殿を頼綱が修復したと『吾妻鏡』に出ることにより判明する。また承久の乱において頼綱は鎌倉を警護する役を務め、その功績によって伊予国の守護職を与えられている。

この間、泰時は頼綱と親しい交際を結んだ。その結果、泰時は将軍の居所や幕府の役所群を大倉山の麓から移動させる時に、頼綱の居所である宇都宮辻子を選ぶまでに至った。

【法然門弟の嘉禄の法難】嘉禄（かろく）三年（一二二七）六月、京都では比叡山の僧侶たちが、朝廷の許可を得たと称して東山の法然の墓所を暴いて遺骸を鴨川に流そうとした。浄土宗や浄土真宗でいう嘉禄の法難である。この騒ぎに駆けつけた六波羅守護北方北条時氏（ときうじ）は、

たとひ勅免ありといふとも、武家にあひふれず、左右（そう）なく狼藉（ろうぜき）をいたす条、はなはだ自由なり。すべからくあひしづまりて穏便の沙汰をいたすべし。

「仮りに朝廷の許可があっても、六波羅守護に通知せず、何も考えずに乱暴な振る舞いをするのは、非常に勝手な行動であり承認できない。とにかく乱暴を止めて穏やかに処置しなさい」と命じ、僧たちと押し問答をしているうちに夜に入り、僧たちはいったん引き

上げた。事実は、朝廷の許可は下りていなかった。

時氏は在京していた頼綱らに連絡を取り、善後策を協議した。そして法然の遺弟の信空が法然の遺骸を掘り出し、夜中に嵯峨の二尊院に移した。頼綱は勇躍、大軍を率いて信空一行の警護に当たっている。『拾遺古徳伝絵』に、

くだんの夜、宇津の宮の弥三郎入道頼綱法師、守護のために五六百騎の兵士を引卒して扈従す。

「その夜、頼綱は五六百騎の武士を連れて、護衛のために信空一行に従った」とある。ところで、時氏は泰時の長男で、この事件のあった前年に時氏の息子経時と、頼綱の孫娘は婚約したばかりである。時氏には六波羅探題の権威を守りつつも、専修念仏者を守ろうという意識が窺える。また頼綱はあくまでも法然と専修念仏者を守る立場を貫いている。「嘉禄の法難」は、この年十月に比叡山の僧侶たちが法然の主著『選択本願念仏集』の版木を手に入れてそれを焼き捨てたことも含んでいる。

法然の門弟聖覚を政子三回忌の導師に招く

泰時は、嘉禄三年（一二二七）、北条政子三回忌法要の導師に京都安居院の聖覚を招いた。この聖覚も法然の高弟の専修念仏者であった。

聖覚は仁安二年（一一六七）の生まれで文暦二年（一二三五）の没であるから、この時

は六十一歳ということになる。祖父は正五位下少納言藤原通憲（みちのり）、平安時代末期の京都政界で活躍し、後白河天皇即位のために大いに働いた人物であった。

聖覚の父の澄憲（ちょうけん）法印は出家して京都の安居院に住み、唱導（しょうどう）の名手と言われた。唱導とは法要の時の法話のことである。澄憲は法話が上手で多くの人を感動させた。それまで唱導は布教の正式な方法とは認められていなかったが、澄憲出現以来、有効な方法であると認められるようになったのである。彼の唱導は安居院流（あぐいりゅう）と呼ばれた。

聖覚は出家して延暦寺で修行を積み、浄土教の教義にも詳しかった。父同様唱導にすぐれ、同じく法印を与えられて安居院法印聖覚と呼ばれ、関白九条兼実やその弟で天台座主の慈円の保護下にあった。

【聖覚、法然の門に入る】　また聖覚は法然の門に入って専修念仏を学び、六歳年下の親鸞とも親しかった。聖覚が三十代のころ、親鸞が法然とその多くの門弟たちの前で、「念仏は信不退（阿弥陀仏の救いを信じて称えること）が大切か、行不退（たくさん称えること）が大切か、どちらと思うか」という問いかけをした時、真っ先に返事を返した。『親鸞伝絵』に次のようにある。文中、「法印大和尚位（だいかしょうい）」は「法印」の正式名称である。

三百余人の門侶、みな其意を得ざる気あり。于時、法印大和尚位聖覚并釈信空〔法蓮上人〕、信不退の御座に可着と云々。つぎに沙弥法力〔熊谷直実入道〕遅参（中略）、申して云、然者法力もるべからず、信不退の座にまいるべしと云々。

「三百人あまりの門弟は、皆、どちらにしたらよいか決められなかった。その時、聖覚と信空が『「信不退」の座に入りましょう』と言ったということである。次に熊谷直実が遅刻して来て、言うことには、『私も入れてください、「信不退」の座に入りたいです』ということであった」。

【聖覚、信の念仏を強調】　聖覚は法然の教えをよく理解した人物であった。承久三年（一二二一）に著わした『唯信抄（ゆいしんしょう）』は法然の『選択本願念仏集』の考えを一歩推し進めたものである。念仏を称えれば阿弥陀仏は救ってくれるが、その際には「信」こそとても大切、というのが『唯信抄』の説くところである。

【聖覚は箱根権現と伊豆山権現の領主】　京都青蓮院の記録を集大成した『門葉記』に「桜下門跡荘園等」の項があり、そこに遅くとも元久元年（一二〇四）に聖覚領の八ヶ所の寺院・神社・荘園があったことが記されている。その記事によって鎌倉の西の外城ともいうべき箱根権現と伊豆山権現の領主も聖覚であったことが判明する。当時の用語で言えば、「聖覚は箱根権現と伊豆山権現の本所であった」ということである。元久元年は父澄憲が亡くなった翌年である。

ところで泰時は嘉禄元年（一二二五）に政子が亡くなった時の葬送法要で、その導師を弁僧正定豪（じょうごう）に依頼した。定豪は長い間鶴岡八幡宮寺の供僧を勤め、後に勝長寿院別当となり、後に鶴岡八幡宮寺別当に転じた。この時は熊野三山検校（けんぎょう）であった。また政子が亡くなった時、政所執事二階堂行盛は出家している。

翌年の政子一周忌においては、供養のために鎌倉大慈寺の境内に三重塔を建立した。供養の導師は小河法印忠快（ちゅうかい）であった。忠快は平清盛の弟教盛（のりもり）を父とし、出家して天台宗の修行をした。平家は滅亡したが、修行して名を挙げた忠快は貴族や源頼朝・同実朝ら幕府の有力者にも尊敬された。活躍の本拠は京都であったが、鎌倉にも何度も招かれている。

また政子一周忌の供養のためとして、勝長寿院でも一切経供養が行なわれた。この時の導師は大蔵卿法印良信（りょうしん）であった。良信は真言宗の僧侶で祈禱に優れ、幕府の護持僧として祈雨や防災の祈禱に当たっていた。貞応三年（一二二四）には勝長寿院の別当となった。

【政子三回忌法要の導師】　嘉禄三年（一二二七）の政子三回忌に当たっては、まず丈六の阿弥陀堂（丈六の阿弥陀如来坐像を安置する阿弥陀堂）が建立され、その落慶供養が七月十六日に行なわれた。その導師は荘厳房（しょうごんぼう）律師行勇であった。

以上はすべて泰時あるいは竹御所の主催であった。竹御所は二代将軍頼家の娘で、政子にかわいがられていた。政子三回忌の三年後には第四代将軍九条頼経と結婚している。そして政子三回忌法要がもう一つ、今度は二階堂行盛（出家して行然（ぎょうねん））の主催で行なわれた。

この時の導師が前述した聖覚であった。『吾妻鏡』嘉禄三年（一二二七）七月二十三日条に、

> 民部大夫（みんぶたいふ）入道行然、二位家御追善のため、梵宇（ぼんう）を草創せしむ。今日、供養を遂げ畢（おわん）ぬ。導師聖覚僧都、京都より招請せしめ、夜前に下着し給ふ。凡そ表白花を飾り、啓白玉を貫くの間、聴聞の尊卑、随喜渇仰すること言語の及ぶところに非ず。竹御所、御結縁のため御出にならる。相州・武州渡御す。

「二階堂行盛は、政子様三回忌のために寺院を建立しました。今日そのお祝いの法要がありました。導師は聖覚僧都で、京都からお招きし、昨夜到着されました。聖覚僧都の、この法要の概要や政子様についての法話は、美しい花で飾られているようであり、またすばらしい宝石が散りばめられているようでもありました。法話を聞いた人たちはすべて、言葉で表わせないほど喜び、感動しました。竹御所も法要に縁を結ぶために出席され、泰時・時房も出席されました」。聖覚の法話はすばらしかったのである。

当時、没後の七回忌はあまり重視されていなかった。三回忌の次に重要だったのは十三回忌であった。泰時は、葬送から三回忌に至る法要の最後に、聖覚を導師として招いたことになる。箱根権現と走湯権現の支配者でもある聖覚を招き、また聖覚がそれに応えたということは、鎌倉の外城である箱根山・伊豆山の安全性が再確認されたということでもあ

る。その聖覚が法然・証空の門下であったことは興味深い。

法然の門弟親鸞に一切経校合を依頼

【親鸞の出身と法然への入門】　親鸞は承安三年（一一七三）に中級の貴族で儒学を家の仕事とする日野家に生まれた。父は皇太后宮(こうたいごうぐう)の大進(だいしん)であった有範(ありのり)である。儒学は乱世において世の中を安定させようとすることが目的の学問なので、日野家は平安時代末期から鎌倉時代初期、鎌倉時代末期から南北朝時代などの動乱期に大いに活躍する者が出た。親鸞の伯父範綱(のりつな)は後白河法皇に重用され、反平氏活動や後の鎌倉幕府との交渉では重要な働きをした。もう一人の伯父である宗業(むねなり)は学問が非常に優れていたので、九条兼実や後鳥羽上皇に重く用いられた。範綱・宗業の弟である有範は政治的に重大な失敗をしたようで、息子五人もろともに出家せざるを得なかった。親鸞は九歳で出家、比叡山で天台宗の修行をすることになった。しかし親鸞は満足のいく成果をあげることができず、比叡山を下りて吉水草庵(よしみずのそうあん)の法然の門に入った。二十九歳であった。ここで専修念仏の道を教えられ、法然を一生の師として慕うようになった。『歎異抄(たんにしょう)』に、

　たとひ法然聖人にすかされまひらせて、念仏して地獄におちたりとも、さらに後悔すべからずさふろう。

「もし法然聖人に『念仏を称えれば極楽へ往生できる』と教えられ、それが嘘(うそ)であって

騙（だま）されることになり、『それでは』と念仏を称えて地獄に堕ちてしまっても、私は決して後悔いたしません」とあるのは、法然に対する親鸞の信頼と感謝の気持をよく示している。

【親鸞の主な門弟は武士】　親鸞はその後、三十五歳で流罪に遭（あ）い越後国に流され、四十二歳で関東に移住して布教に大きな成果を挙げた。そして親鸞の門弟を一覧にした『親鸞聖人門侶交名牒』を見ると、そこに記された門弟はすべて武士身分の者である。それに親鸞の原本・写本などを合わせた書状四十数通を、文字も習うことのなかった鎌倉時代の農民たちが読めたはずはない。現在に残る史料で判断する限り、親鸞の主な門弟は武士と言わざるを得ない。前述した熊谷直実の例で分かるように、武士の日常にある人殺しに基づく堕地獄の恐れを、親鸞は悪人正機（しょうき）説と念仏で救ったということである（拙著『親鸞と歎異抄』歴史文化ライブラリー、吉川弘文館、二〇一五年）。

【宇都宮頼綱、親鸞を常陸国稲田に招く】　また親鸞が住んだ常陸国稲田（茨城県笠間市稲田）の最上位の領主は宇都宮頼綱であった。当時、勝手に他人の領地に住みつくことなどできなかった（それは現在でも同じである）。それに法然門下の俊秀として知られた親鸞のことを頼綱が知らないはずはない。親鸞は、従来言われてきたように各地を放浪する聖（ひじり）になって越後から稲田へ来たのではなく、兄弟弟子である頼綱の招きによって稲田へ来たと考えざるを得ない。また頼綱は、元仁元年（一二二四）に親鸞が稲田で主著の『顕浄土真実教行証文類（教行信証）』を執筆したことも知っていたであろう。

この『顕浄土真実教行証文類』も、法然の『選択本願念仏集』も「文類」という性格の著作物である。これは自分の意見を言うために、「私はこう思う」と主張するのではなく、多数の古典（経典等）から文章を引用して論を構成するのである。自分の意見、すなわち地の文は非常に少なく抑えてある。つまり頼綱は、親鸞は非常に経典のことに詳しく、深い識見を持っていると認識していたと判断される。

【一切経書写・奉納事業】北条泰時は伯母政子十三回忌供養のために、一切経書写・奉納事業を企画した。「一切経」とは、そのような名称の経典があるのではなく、経典一切すなわち経典全部ということである。「経典」とは、釈迦の教えを記した「経」と、修行者の集団（サンガ）を維持するための罰則である「律」、それらの解説書である「論」、さらにはそれぞれの注釈書も含まれている。中国・朝鮮を経て日本に伝わってきた大乗仏教は経・律・論で、ほぼ五千数百巻である。経典は冊子ではなく、巻物として作成されたので、「冊」ではなく「巻」で数えられている。「一切経」は「大蔵経」とも呼ばれている。

経典を書写・購入して寺院に奉納すると国家防衛・国家安定が期待できたのである。日本に入ってくると、これらに加えて身近な人の追善供養が期待できるということになった。そのために経典を書写あるいは購入し、寺院奉納することが行なわれた。特に一切経を書写・奉納すると非常に大きな効果があるとされた。

ただ、一切経を書写して完成させるのは大変なので、すでに所蔵している一切経を読誦（どくじゅ）する法要が時々行なわれた。それが一切経会（いっさいきょうえ）である。これは一切経を転読する法要である。経典には長短があるが、まともに読んでいけば、一切経五千数百巻を読み通すのには非常の多くの日数がかかる。法要としては不可能である。そこで転読が行なわれることになる。「転読」とは、それぞれの経典の初めと終わりの数行だけを読むことである。あるいは、経典の名称だけを読むこともあった。

幕府でも『吾妻鏡』で見る限り、建久五年（一一九四）十一月に鶴岡八幡宮寺で一切経会を催してから建保五年（一二一七）に至るまで、七回の記録がある。実際にはほぼ毎年のように行なわれていた気配である。

【泰時、一切経校合を親鸞に依頼】　泰時は政子十三回忌法要のために一切経の書写・奉納を企画した。奉納先は、北条氏が尊崇する園城寺である。鶴岡八幡宮寺とも親しい関係にある。鶴岡八幡宮寺は優れた僧を園城寺から送ってもらっている。

さらに、書写の前に必要なのは校合（きょうごう）である。現代で言えば原稿の校正作業であるが、これは著者が行なうのが基本であるから、時間と忍耐力さえあれば難しい作業ではない。しかし経典は何百年あるいは千年以上もの間、繰り返し書写され出版されて伝えられてきた。その間にはどうしても写し間違いや誤字・脱字が生じてしまう。勝手に文章を変えたりすることもある。それらを正すのが校合である。可能な限り多数の写本・版本を集め、原本ないし原本に近い正しい文字・文章の復元を行なうのである。「どれが正しい文字か。どれが正しい文章か」と判断できる能力が必要である。経典全般に対する広い知識と識見がなければ校合はできない。

泰時はその校合を担当できる僧として、法然の門弟であり稲田を本拠地にして十年余りの活動をしている親鸞を見出したのである。

親鸞の曾孫覚如の『口伝抄』に次の記事がある。本書は覚如が元弘元年（一三三一）十一月の報恩講（阿弥陀仏と親鸞の恩に感謝する法要）で講義した内容を、高弟乗専が筆記したものである。文中、「西明寺の禅門」は北条時頼のことである。

西明寺の禅門の祖父武蔵守泰時世をとりて、政徳をもはらにせしころ、一切経を書写せられき。これを校合のために智者学生たらん僧を崛請あるべしとて（中略）たづねあなぐられるとき、ことの縁ありて聖人をたづねいだしたてまつりき〔もし常陸の国笠間郡稲田郷に御経廻のころか〕。聖人その請に応じましまして一切経御校合ありき。

「北条時頼の祖父泰時が幕府政治の主導権を握っていたころ、一切経を書写された。その校合のために経典についてよく知っている僧をお招きしようと（中略）尋ね求められた時、ある縁があって親鸞聖人を尋ね出された〔もしかしたら聖人が常陸国に住んでおられたころのことであろうか〕」。

「ことの縁」とは宇都宮頼綱の紹介ということではなかろうか。前述のように、泰時は親経典に詳しく、深い識見がある僧を探していたのである。それを知った親しい頼綱が心当たりの親鸞を紹介した、ということである（拙著『五十六歳の親鸞・続々――一切経校合――』真宗文化センター、二〇一四年）。

親鸞は五十五、六歳のころ、嘉禄三年（一二二五）から翌年にかけて相模国の各地に現われ始めた気配である。政子三回忌法要前後である。泰時から依頼された一切経校合の合間に、付近の布教に励んだということであろう。

泰時は、嘉禄二年七月、政子一周忌法要の一つとして勝長寿院で一切経供養を行なっている（前述）。また寛喜元年（一二二九）七月には政子月忌法要において、同三年（一二三一）六月にも政子月忌法要で一切経供養を行なっている。一切経による最大限の供養を行ないたかったのである。

【政子十三回忌法要】　嘉禎三年（一二三七）六月と七月に政子十三回忌法要が大規模に行なわれた。翌年の暦仁元年（一二三八）七月十一日条の『吾妻鏡』に次のようにある。文中、「左京兆」は泰時である。この時、泰時は将軍九条頼経のお供で上洛していた。

左京兆、密々園城寺に参り給ふ。是は去ぬる年、禅定二位家一十三回御忌景に当たり、彼の恩徳に報い奉らんが為、鎌倉に於いて書功を終る所の一切経五千余巻、今日また件の御月忌を迎へ、唐院霊場に納め奉らるに依る也。当寺は聖霊の御帰依、施主の御渇仰、他所に異なると云々。毎経巻の奥に、左京兆署判を加へ令め給ふと云々。

「泰時殿はお忍びで園城寺に参詣された。これは昨年、政子様の十三回忌法要に当たり、その恩に報いるため鎌倉で書写が完了した一切経五千余巻を、本日がまた政子様の月命日にあたるので、唐院霊場に納められるということによる。園城寺は政子様が篤く帰依されていたことや泰時殿の篤く崇敬されることは、他の寺院とは大いに異なっているそうである。泰時殿はすべての経巻の奥に花押を据えられた」。

唐院は、園城寺を開いた円珍の廟がある所で、園城寺でもっとも重要な場所とされている。円珍が中国（唐）からの経典や法具を納めた由緒によって「唐院」と呼ばれている。

親鸞は貞永元年（一二三二）、六十歳の時に故郷の京都へ帰った。以後三十年、京都で東国の門弟と交流を続けつつ、念仏布教に励んだ。しかし八十歳以前に書かれた真筆本は非常に少ない。現存する多数の親鸞自筆本は、その五分の四以上が八十二歳から五年間の間に書かれたものである。八十代の活発な執筆意欲が思われる。

【鎌倉の親鸞ゆかりの寺院】　現存する鎌倉の親鸞ゆかりの寺院は少ない。以下の二ヶ寺が知られる程度である。

①　永勝寺（真宗大谷派。横浜市戸塚区下倉田町）
永勝寺は親鸞が一切経校合を行なった所と伝える寺院である。義時以来北条氏の本拠となった山内荘の中にある。この地域は明治時代以前は相模国鎌倉郡に所属していた。永勝寺は戦国時代に戦火を逃れて甲斐国に移ったが、また江戸時代に戻ってきたとされる。境内には親鸞が校合する時に使った墨をするための水に使用したと伝える井戸がある。

②　成福寺（浄土真宗本願寺派。鎌倉市小袋谷）
泰時には時氏・時実と、かなり年齢が離れた公義という三人の息子があった。成福寺の伝えでは、もう一人、泰次という息子がいたという。泰次は親鸞の門弟となり、成福寺を開いたとされる。境内に、泰次が修行した跡という「やぐら」がある。「やぐら」は鎌倉時代中期以降盛んに作られた横穴式墳墓のことである。「やぐら」という用語そのものは江戸時代の貞享二年（一六八五）の『新編鎌倉志』に出るのが初見である。

北条泰時と御成敗式目・式目追加

泰時は貞永元年（一二三二）に『御成敗式目』（貞永式目）を発布した。朝廷では政治の基本法として大宝律令とそれに引き続く養老律令があった。そして時代の展開に対応するために格式が発布された。格は律令を修正補完するための法令や詔勅で、式は律令の施行細則を指した。鎌倉幕府が初めて作った成文法が『御成敗式目』であり、格式に相当するのがその後に出された幕府の命令である追加法である。

御成敗式目の追加法と僧侶

御成敗式目は、「御家人が領地の所有等の争いになった時、将軍が下す判決（成敗）の基準」ということである。したがって全五十一ヶ条のうち、宗教に関する項目は少ない。第一条に「神社を修理し、祭祀を専らにすべきの事」とあり、第二条に「寺塔を修造し、仏事等を勤行すべきの事」とあり、さらに第四十条に、「鎌倉中の僧徒、恣に(ほしいまま)(勝手に）官位を諍ふの事」とあるだけである。抽象的な内容である。ところが追加法になると具体的な刑罰に関わる事例が出てくる。

【追加法と僧侶の取り締まり】　御成敗式目発布後三年の文暦二年（一二三五）正月二十七日の追加法は六波羅守護に宛てたもので、

一　僧徒の兵仗を禁遏せしむべきの事

「一つ　僧侶が武器や棒を持って歩くのは禁止すべき事」という内容である。その解説に「承久の乱以降、僧侶が武器を携帯するのは特に禁止したはずなのに、また携帯を始めている。京都でも地方でも、そのような者は逮捕して鎌倉に送れ。厳罰に処す」とある。

また同年七月十四日の追加法では、

一　僧徒、裹頭にて鎌倉中横行するの事

停止すべきの由、保々奉行人に仰せらるべし。

「一　僧侶で、頭を袈裟などで包み、目だけを出し、鎌倉の中を勝手気ままに歩き回っていること。この行為は禁止であると、鎌倉の各地区の警備責任者に伝えなさい」。「保奉行人」は鎌倉の各地域（保）の警備責任者である。延応元年（一二三九）四月十三日にも、六波羅守護あてに僧侶が武器を持つことを重ねて禁止する命令を出している。

【念仏者に関する追加法】　そして文暦二年（一二三五）七月十四日に、「念仏者の事」として出されている追加法は興味深い（前掲の追加法と同日に発布されていた）。

道心堅固の輩に於いては、異儀に及ばず。而るに或いは魚鳥を喰らひ、女人を招き寄せ、或いは党類を結び、酒宴を恣いままに好むの由、遍へに聞こへ有るの間、件の家に於いては、保々奉行人に仰せて、之を破却せしむべし。其の身に至りては、鎌倉中を追却せしむべきなり。

「仏道修行の気持がしっかりしている者は、まったく問題ではない。けれども、たとえば魚や鳥を食い、女性を呼び寄せ、または仲間を呼び集め、酒盛りをしきりに行なっているということが、いつも聞こえてくる。その溜まり場になっている家については、地区の警備責任者に命令して壊させなさい。それらの僧侶は鎌倉の外に追い出しなさい」。

「道心堅固」な念仏者ならば問題ない。治安を乱す者は鎌倉の外に追い出せ、と幕府は命じている。「念仏は禁止」などとは言っていないのである。さらにこの十日後、泰時は六波羅守護に宛てて次の命令を送っている。

念仏者と称して黒衣を着するの輩、近年都鄙に充満し、諸所を横行し、不当の濫行を現はすと云々。尤も停廃せらるべく候。関東に於いては、仰せ付けらるるに随ひて、沙汰すべく候。此のこと、宣旨度々に及ぶと雖も、未だ対治せられず。重ねて遍へに宣下せらるべきの由、二条中納言家に申し入れらるべきの条、仰せに依って執達件の如し。

「『念仏僧だ』と自称して黒い衣を着ている人たちが、最近、京都や地方に大勢いて、各地で勝手なことをしており、どうかすれば悪事を働いているそうである。この人たちは特に取り締まらなければならない。幕府は朝廷の指示によって動いている。この問題については何度も天皇の命令が出ているが、まだ解決していない。とにかく、重ねて天皇の命令を下していただきたいと二条中納言殿に申し入れてほしい、と将軍頼経様のご命令なので、このように伝える」。

幕府は朝廷の指示によって念仏および念仏者への対応を行なっていることが、泰時の命令によって分かる。「二条中納言」は藤原定高のことである。このころ摂政であった九条道家がいかに幕府に対処したらよいか、その相談役だった人物で、朝廷幕府間の調整役を一手に引き受けていた。

【改められるべき「朝廷・幕府の念仏禁止・念仏弾圧史観」】　以上の幕府の追加法・禁止令等によって分かることは、第一に、鎌倉幕府は念仏を禁止してはいないということである。第二に、幕府が危険視したのは治安を乱している念仏者あるいは念仏僧と称している者たちだったということである。仏都鎌倉では念仏禁止。念仏弾圧はなかった。そして、それはそもそも朝廷の方針だったのである。従来の、「朝廷や幕府の念仏禁止・念仏弾圧史観」は改められなければならない（拙著『六十三歳の親鸞』自照社出版、二〇一八年）。

鎌倉大仏

鎌倉大仏の造立

泰時の時代の暦仁元年（一二三八）、鎌倉の西郊の深沢に大仏が造立された。『吾妻鏡』同年三月二十三日条に、

　今日、相模国深沢里の大仏堂の事始めなり。僧浄光、尊卑緇素（しそ）に勧進せしめて此の営作に及ぶと云々。

「今日、相模国深沢に大仏を安置する大仏殿の建立を始めました。僧の浄光が身分の高下の者や僧・俗人に費用を寄付させてこの建築に至ったということです」。

浄光という人物について、同時代に作られた紀行文である『東関紀行（とうかんきこう）』には「もとは遠江の国の人」とあるけれども、詳しい履歴は未詳である。

深沢は現在の鎌倉市長谷(はせ)である。すなわち都市鎌倉の西の郊外である。一介の僧が自分の所領でもないところに勝手に大仏殿の建立を始めることはできない。必ずその領主の許可あるいは依頼があったはずである。

【泰時と時房の協力】　長谷の地は北条時房の影響下にあった。ということならば、浄光は時房の指令または後援で動いたということであろう。さらに時房は泰時の叔父で、年上ではあるけれども八歳しか違わなかった。二人は少年の時から親しかった。また承久の乱後、泰時が六波羅守護北方、時房が同南方として三年間、朝廷対策に苦楽を共にした仲であった。また義時の没にあたっては、二人で京都から鎌倉に下り、時房は泰時の擁立に全力をあげている。泰時が第三代執権に就任してからは、その連署として泰時の政治を支えている。したがって大仏殿の建立と大仏造立は泰時の意思であったと推測されるのである。泰時は鎌倉の西郊外に大仏を造立する政策をとったのである。

大仏は阿弥陀仏であった。その造立と大仏殿の建立を始めてから五年後の寛元元年（一二四三）、完成した。『吾妻鏡』同年五月十六日条に次のようにある。文中、「卿(きょうの)僧正良信」とは大蔵卿法印権僧正良信のことで、彼は承応三年（一一七三）生まれの真言宗の僧であり、祈雨などの祈禱で知られていた。貞応三年（一二二四）日には頼朝が建立した勝長寿院の別当となり、北条経時出家の時にはその戒師を務めている。

深沢村一宇の精舎を建立し、八丈余の阿弥陀像を安ず。今日供養を展(の)ぶ。導師卿僧正良信。諸衆十人。勧進聖人浄光房、此の六年の間都鄙を勧進す。尊卑奉加せざるは莫(な)し。

「深沢村に一つの寺院を建立して、高さ八丈余りの阿弥陀仏像を安置した。今日、完成の法要を行なった。法要を取り仕切ったのは卿僧正良信である。他に十人の僧が参加した。この大仏造立と大仏殿建立の費用を集めた浄光房は、この足掛け六年の間、都会や田舎を費用を集めてまわった。身分の高い者も低い者も、寄付しない者はいなかった」。

この前年、『東関紀行』の著者（氏名未詳）は京都から鎌倉に来て、この大仏を見物に行っている。大仏はすでに完成、大仏殿は三分の二が完成していたという。著者は、大仏は

烏瑟(うしつ)たかく現はれて半天の雲に入り、白毫(びやくごう)あらたにみがきて満月の光をかがやかす。

「頭の上部にある隆起は高々として、中空にたなびく雲に入るほどであり、眉間の間の玉はきれいに磨かれて、満月のような明るい光で輝いています」と感動している。そして東大寺の大仏と並べて誉め讃え、長谷の大仏は「木像」であったとしている。

【大仏は木像か金銅像か】　ところが問題は『吾妻鏡』建長四年（一二五二）六月十七日

条に次のようにあることである。

> 今日彼岸第七日に当たり、深沢里に金銅八丈の釈迦如来像を鋳始め奉る。

この日に金銅の釈迦如来像を造り始めたという。この記事は前掲『吾妻鏡』の暦仁元年の記事や『東関紀行』に深沢に造立されたのは阿弥陀如来像とあることと矛盾する。ただ現在、鎌倉時代風の作風を示す阿弥陀如来坐像が伝えられてきたことは事実なので、当初造られた木像の阿弥陀如来像がなんらかの理由で失われ、建長四年から金銅像として造られたこと、この時の記事に釈迦如来像とあるのは阿弥陀如来像の誤記であろうということが定説となっている（浅見龍介「鎌倉大仏の造立に関する一試論」『MUSEUM』五四三、一九九六年）、『鎌倉大仏と阿弥陀信仰』大仏建立七五〇年記念特別展図録、神奈川県立金沢文庫 編集・発行、二〇〇二年）。

また『太平記』には建武二年（一三三五）に大仏殿が大風で倒れたとあり、『鎌倉大日記』には応安二年（一三六九）にも大風で倒壊したという。その後、禅僧の万里集九（ばんりしゅうく）が文明十八年（一四八六）に鎌倉を訪れた時には「堂宇は無くして露坐」であったというから、きちんとした大仏殿はもうなかったようである。この大仏には当初金箔が貼られていたと推定されており、現在でもその跡が残っている。

なお現在、大仏は浄土宗・高徳院の境内にある。高徳院は当初は真言宗、やがて臨済宗となり、浄土宗に転じたのは江戸時代の正徳年間からである。

泰時の仏教に対しての期待は、来世の極楽往生を確実にしてくれることであった。法然の門弟たちと親しくしたり、阿弥陀仏の大仏建立に協力したことがそれをよく示している。泰時は仁治三年（一二四二）六月、六十歳で亡くなった。泰時自身が建立に関わった寺院は以下のとおりである、

泰時建立の寺院

① 東勝寺＝鎌倉市葛西ヶ谷にあった。廃寺。

嘉禄元年（一二二五）、北条一族の菩提寺として泰時が建立した。開山は栄西の弟子の退耕行勇（たいこうぎょうゆう）である。この寺は菩提寺であるとともに、有事に備えた砦（とりで）の意味もあったようである。鎌倉幕府滅亡時、北条高時以下の一族がこの寺に籠ったが、結局自刃して果てた。

② 常楽寺＝鎌倉市大船の臨済宗建長寺派寺院。

嘉禎三年（一二三七）、泰時が妻の母の追善供養のために建立した。この寺も開山は退耕行勇である。当初は密教系あるいは浄土系寺院で、「粟船御堂（あわふねみどう）」と呼ばれた。後に北条時頼が宋の禅僧蘭渓道隆（らんけいどうりゅう）を鎌倉に招いた時、はじめこの常楽寺の住職とした。やがて常楽寺も禅宗の色が濃くなり、現在は臨済宗建長寺派の重要寺院である。

仏殿の本尊は木造阿弥陀如来及び両脇侍像で、中尊の阿弥陀如来の台座に仁治三年七月十一日の銘がある。病気によって同年の五月九日に出家し、六月十五日に没した泰時が極

楽往生を願って造立したものと考えられている。仏殿の背後に泰時の墓がある。

仏都鎌倉の日本支配

北条時頼の課題

北条時頼の経歴

時頼は鎌倉幕府第五代執権であるが、事実上は第三代執権泰時の後を受けて活躍した。時頼は嘉禄三年（一二二七）に、時氏の次男として生まれている。時氏の父が泰時である。関係系図は次のとおりである。

北条泰時③ ─┬─ 時氏 ─┬─ 経時④ ─┬─ 隆政
　　　　　　│　　　　│　　　　　└─ 頼助
　　　　　　│　　　　└─ 時頼⑤ ── 時宗⑥
　　　　　　└─ 時実

③〜⑥は執権就任の順番

泰時の嫡子は時実であったが、時実は嘉禄三年、北条政子三回忌の直前に家来に十六歳で殺されている。その兄の時氏は政治的に優れ、泰時に期待されていた。しかし寛喜二年（一二三〇）、二十八歳で病没した。このため息子の経時・時頼兄弟は祖父の泰時に養われ、その泰時が仁治三年（一二四二）に亡くなると、経時が第四代執権に就任した。

しかし経時は病気がちになり、寛元四年（一二四六）三月、重篤となった。そこで執権職を弟の時頼に譲って出家し、閏四月一日に亡くなった。まだ二十三歳であった。経時の庶長子隆政（たかまさ）は六歳、嫡子頼助（らいじょ）は三歳と幼く、また二十九歳になった将軍藤原頼経や、北条氏の一門名越兄弟の反抗の動きもあった。そこで幕府の執行部は成人していた時頼を立てたのである。

ただ成人していたとはいえ、時頼はまだ二十歳と若く、その政権基盤は弱く危うかった。したがってどのように味方を増やして強くするか、さらには以下に述べる社会の変化にどう対応していくかが時頼の大きな課題であった。彼の時代は幕府が日本支配の権限を握って二十五年目からである。後鳥羽上皇の日本支配の実態を知らない世代、つまりは時頼がどのように政治を行なっていったのか、そこでは仏教がいかなる役割を果たしたのか、仏都鎌倉がどのように展開していったかを以下に見ていく。

社会の変化と時頼の課題

【武士本来のありかた】　鎌倉幕府は武士で成り立っていた。彼らは農耕地である所領をもととして軍事力を維持し、勢力を発展させていた。それぞれの一族の指導者である惣領（そうりょう）は、領地全体の支配権を握って一族を配下に従えるとともに、一族を守り、全体の団結を画（はか）っていた。その惣領が御家人

北条時頼

として幕府に仕えていたのである。

武士の所領に対する執着心には強いものがあり、それは「一生懸命」の語源である「一所懸命（いっしょけんめい）（一つの領地に命を懸ける）」という言葉で表現されていた。武士間の所領争いはしきりに発生していた。その争いの決着がつかない時は幕府に持ち込み、将軍の決済にゆだねることが慣例であった。熊谷直実も叔父久下直光（くげなおみつ）との領地境界争いの裁判で負けそうになり、カッとして将軍の面前から飛び出して出家してしまったという。源頼家が将軍としての決済権を宿老十三人に奪われたのも、領地裁判での判決があまりにもずさんであったからという理由であった。

また北条時房は、前名の時連（ときつら）を、頼家の蹴鞠（けまり）の師匠であった貴族平知康（ともやす）に、「〝連〟は銭百枚を数える単位の「連」を連想し印象が悪い」と言われて時房に改名したという。農業と農地が大事にされているのに対して、銭そして商業は悪く思われていたのである。

【商工業の発展】　しかしそれから数十年、社会は大きく変化しつつあった。農業は依然として社会の基幹産業でありつつも、商業がしだいに発展していた。品物の売買のためには銭が便利である。朝廷では奈良時代直前に和同開珎（わどうかいちん）を発行して以来、平安時代中期の天徳二年（九五八）に発行した乾元大宝（けんげんたいほう）まで十二種類の銅銭を発行した。しかしあまり通用せず、交易は米や布その他で行なう物々交換が一般的であった。

ところが平安時代末期に宋銭が大量に流入するようになって銭が使用され始めた。その勢いは、十三世紀中葉、時頼のころには盛んな動きになっていた。単に物を売買する時に銭が使用され始めただけではない。年貢に銭が使用される銭納が始まり、さらには京都と各地を結ぶ為替が出現していた。貨幣経済が日本でも展開し始めたのである。

【惣領制の動揺】　承久の乱で幕府が勝利した結果、多くの貴族や朝廷方の武士の荘園が没収された。その荘園は西国に多かった。やがて東国の武士ではそれらの荘園を親から相続し、あるいは代官として地頭となって地方へ下る者が増加した。いわゆる西遷（せいせん）地頭である。その地頭たちは、危急の場合には東国の惣領や親類を頼ることはできない、地元の有力者に助けを求めるようになったことは自然のなり行きである。こうして十三世紀中葉、それ以前には硬い団結を誇っていた惣領制の動揺が始まった。

【倹約と奢侈の葛藤】　商業と貨幣経済の発展は農村に基盤を置く武士社会を動揺させた。

それは経済上の問題だけではない。農業では毎年の収入は一定している。同じ気候ならば、ある年に農産物が急激に増加することはない。贅沢(ぜいたく)をすればたちまち生活が破綻する。したがって生活上、守るべき考え方は倹約である。

ところが商業では異なる。商品を売ることによって収入を得て生活をする。売るためには宣伝をしなければならない。費用をかけて宣伝をし、その宣伝に魅力を感じた人たちに商品を買ってもらう。奢侈(しゃし)すなわち贅沢な暮らしで一般の人たちに夢を売り、その夢を買ってもらうのである。奢侈こそ、大切なことであった。

倹約という倫理観念の中に奢侈という倫理観念が広がれば、当然社会は動揺していく。奢侈に飲み込まれて生活が破綻、貧乏になる者も多くなった。ついには領地を売り、領地のない「無足(むそく)」になる御家人も続出した。無足の御家人は幕府にとって軍事力の弱体化など、由々しき事態を招くことになる。無足の御家人佐野源左衛門常世と、時頼との交流の話である謡曲『鉢木(はちのき)物語』は、まさにこの時代の幕府の危機感をよく示している。

【撫民―国内の政治課題】　時頼の政治課題には、社会の変化に突き動かされる御家人の生活をいかに安定させるかということがあった。当時の言葉で言えば、「撫民(ぶみん)」である。そのために後述する戒律を重視する真言律宗などに力を借りている。

【蒙古の脅威―外交課題】　中国大陸の華北にある北京に都を置いていた宋が、北方民族の女真族の一一一五年に建国した金（きん）のために南方に追いやられ、南宋となったのは一一二七年のことであった。追いやった金も、一二三四年、さらに北方のモンゴル平原から興った蒙古のために滅ぼされた。蒙古は引き続き南宋への侵略を開始した。金を滅ぼす三年前の一二三一年から、蒙古は朝鮮半島の高麗（こうらい）への侵入も開始していて、約三十年間、高麗国内を何度も蹂躙（じゅうりん）した。ついに高麗は一二五九年、蒙古に降伏した。日本では、執権を降りつつも実権を握っていた時頼の時代である。

蒙古が北京を都として成都と称し、国号を大元としたのは一二七一年のことではあるが、幕府の要人が大陸の動きを知らないはずはない。やがて来るであろう海外からの脅威にどのように備えるか、彼らの課題であったはずである。

時頼と僧侶たち

鎌倉において時頼とその周囲の人たちは多くの僧侶と交流をしている。まず時頼は、南宋から来た禅僧の蘭渓道隆(らんけいどうりゅう)を鎌倉に招いた。

南宋から蘭渓道隆を招く

蘭渓道隆は南宋の西蜀(せいしょく)（中華人民共和国四川省）で一二一三年に生まれた。十三歳の時、西蜀の成都（成都市）にある大慈寺で出家し、無準師範(むじゅんしはん)その他の禅僧の教えを受け、無明慧性のもとで悟りをひらいたとされる。蘭渓道隆が日本に来たのは、寛元四年（一二四六）、三十四歳の時であった。日本からの留学僧との接触により、日本に関心を持ったのが来日の契機であったという。

蘭渓道隆はまず博多に住んで勝福寺を興し、同地の円覚寺にも住んだ。翌年の宝治元年

（一二四七）、京都に入って泉涌寺に寄寓し、しばらくして時頼に招かれて鎌倉に下った。鎌倉では最初に寿福寺に入り、ついで常楽寺に住職として迎えられた。

【建長寺を建立】　蘭渓道隆の禅は、後述するように大変厳しく、また目新しいものであった。それは時頼の心に強く響いたようであり、彼は深く蘭渓道隆に帰依して参禅した。そして南宋でもっとも有名な禅寺であった径山（径山寺。中華人民共和国浙江省の天目山の峰の一つにある）を手本に、大規模な禅寺を作ることにした。それが建長五年（一二五三）に建立された建長寺であり、蘭渓道隆を開山としてここに住まわせた。

建長寺

建長寺が建立された所は、宇都宮辻子から出発して鶴岡八幡宮の北西にある小袋坂を越え、山内荘に入った所の広い谷にある。山内荘は建保元年（一二一三）に獲得した北条氏の広大な根拠地である。泰時はその入り口に建長寺を建立したのである。伽藍は総門・山門・仏殿・法堂・方丈が一直線に並んでいる。これは中国風であったという。その伽藍は後に火災で失われたが、再建された現在の伽藍は創建当初の面影を伝えているとされる。仏殿の本尊は像高二・四メートルの地蔵菩薩像で、室町時代の造立である。

【地獄谷と地蔵菩薩】　建長寺が建立された谷は、もと地獄ヶ谷と呼ばれた罪人の処刑場であった。そこには心平寺と呼ぶ寺院があり、本尊は地蔵菩薩像であった。建長寺の本尊が禅宗寺院に一般的な釈迦如来像ではなく地蔵菩薩像であるのは、この〝地獄〟と〝罪人〟に由来する。地蔵菩薩は地獄へ行き、罪人を救ってくれるとされている。

心平寺本尊の地蔵菩薩像は建長寺に現存する。

【純粋禅】　そのころの禅は密教や念仏等を含む兼修禅（けんじゅぜん）が主流を占めていた。寿福寺は関東における兼修禅の中心寺院であった。これに対し、蘭渓道隆の禅は南宋禅の特色である純粋禅であって、人々に新鮮な印象を与えた。純粋禅は、「悟りは坐禅によってのみ得られる」とするもので、それ以外の要素はすべて切り捨てるのである。彼の『坐禅論』に次のように示されている。

夫（そ）れ坐禅は大解脱の法門なり。諸法是（こ）れより流出し、万行是れより通達す。神通智慧の徳、此の内より起こり、人天（にんでん）性命の道、此の内より開く。諸仏已（すで）に此の門より出入し、菩薩行じて即ち此の門に入る。

「そもそも坐禅は悟りの境地に達するための方法である。いろいろな教えは坐禅修行の結果として考え出され、すべての修行方法も坐禅によりその意義が深く理解される。優れた自由自在の智慧は坐禅によって得られ、人間界・天上界といった迷いの世界における生き方も坐禅によって見出される。仏たちは坐禅によって悟りを得ているし、菩薩たちは修行の中で坐禅の法を知るのである」。

【修行僧を厳しく指導】　また蘭渓道隆は建長寺住職として禅修行の者たちを厳しく指導した。彼の『建長寺法語規則』（『大覚拾遺録』）に、

　鞭影（べんえい）を見てのち行くは即ち良馬にあらず。訓辞を待ちて志を発するは、実の良僧にあらず。諸兄弟同じく清浄な伽藍に住す。已に饑寒の苦なし。まさに此の事をもって茲（ここ）に念じ、茲にあるべし。

「鞭（むち）が振り上げられるのを見て走る馬は良い馬ではない。教えられ諭されてから悟りを得ようとするのは、ほんとうに優れた僧ではない。諸君は皆同じようにこの清らかな寺院に住んでいる。もう飢えや寒さの心配なく坐禅ができる。このような恵まれた環境にあるのだから、自ら進んで修行すると心に誓い、ここを修行の場とすることが大切である」とある。修行僧は指示されるのではなく、自ら工夫して修行の道を進まなければならない。

僧堂内には細かい規則があり、それを破った時の罰則も厳しかった。『建長寺法語規

則』に、例えば次のようにある。文中、「一斤」は約六百グラムの重さである。

五更一点の後に、若し洗面する者有らば、罰油一斤。

「（春なら）午前三時半を過ぎて起きる者がいたら、その者には罰として油約六百グラムが燃え尽きる時間の坐禅を科す」などとある。坐禅を組ませて反省させるのである。修行僧は規則で午前三時半前に起床しなければならなかった。

蘭渓道隆はこの『建長寺法語規則』を僧堂内に掲示して修行僧たちを戒めていた。時頼はこの厳しさも気に入ったのである。自分自身への戒めということでもあったのであろう。蘭渓道隆はこの建長寺に十三年間も住んで時頼や禅僧たちの指導にあたった。

【京都に上る】　蘭渓道隆は文永二年（一二六五）、時頼の勧めで京都の建仁寺に移って三年間住んだ。建仁寺は日本における兼修禅の根本道場であったので、純粋禅の蘭渓道隆がここに住んだことは画期的なことであった。蘭渓道隆は後嵯峨上皇に招かれて禅を説き、京都でも注目された。

南宋から兀庵普寧を招く

時頼は、建長寺第二世として、南宋の僧である兀庵普寧を招いている。兀庵普寧は一一九七年に四川省で生まれた。やがて出家して径山の万寿禅寺で臨済禅の修行をした。文応元年（一二六〇）、国の騒乱を避け、また蘭渓道隆の招きによって来日して博多の聖福寺に入った。続いて京都の東福寺にも住んだが、時頼の招きで鎌倉に下り、建長寺第二世となった。時頼はしきりに兀庵普寧に参禅し、その指導を受けている。

【難解な禅】　兀庵普寧は既成概念にとらわれない性格で、先鋭的な思想を持っていた。それは時頼に好意的に迎えられた。しかしその講話は難解であった。現代日本語に「ごたごた（秩序やまとまりがない、把握しにくい状況）」という言葉があるが、それは兀庵普寧の話が分かりにくいことを、周囲の者が「ごったんごったん（兀庵兀庵）」と表現していたことから発生したという俗説があるほどである。

兀庵普寧

【地蔵菩薩を礼拝せず】　また兀庵普寧は建長寺の仏殿本尊地蔵菩薩を礼拝しなかった。理由は、地蔵菩薩は自分より下位であるから、というのである。自分はすでに悟りを開いているから仏（如来）であり、仏は菩薩より上位、したがって自分は地蔵菩薩より上位の存在であるという理屈となる。

このように特異な人格の兀庵普寧は、弘長三年（一二六三）に時頼が亡くなると支持者を失い、二年後には帰国してしまった。

道元を招く

【日本曹洞宗の祖】　道元は日本曹洞宗の祖とされている。正治二年（一二〇〇）の生まれ、父は内大臣土御門通親で、母は関白藤原基房（九条兼実の兄）の娘であった。通親は土御門天皇の外祖父で、政敵の関白九条兼実を退け、後鳥羽院政下に大権力を振るって源博陸と呼ばれた人物である（前述）。しかし道元は三歳でこの父を、八歳で母を失い、十四歳で天台座主公円のもとで出家した。

【道元の疑問】　道元は悟り（仏になること）をめざしてさまざまな厳しい修行をする中で、「本来本法性、天然自性身（人間には本来、仏になれる資質が備わっている）」という天台宗の教えに疑問をもったという。それなら、さまざまな厳しい修行などする必要はないのではないか、という疑問である。

道元はこの疑問を解決するため、貞応二年（一二二三）に南宋へ渡った。そして優れた禅僧の如浄に出会って純粋禅を学び、「坐禅によって身と心を脱落させれば悟りに至れる」との境地に達して疑問を解決できたという。如浄は、当時、西湖湖畔の南屏山にある浄慈寺（浄慈報恩孝禅寺。浙江省杭州市西湖区）の住持であった。道元は安貞二年（一二二八）に帰国し、京都の建仁寺に入っている。

【道元の禅―只管打坐・修証一如】　道元の禅は、まず、「只管打坐（ただひたすら坐禅すこと）」という言葉で知られている。釈迦以来の優れた僧侶たちは、坐禅によって悟りを得てきた、とするのである。自分もそのとおりにしよう、ということである。さらに、「修証一如（坐禅が悟りそのものである）」とも説いた。主著として『正法眼蔵』が知られている。この書物の重要な解説書ともいうべき『正法眼蔵随聞記』は二歳年上の門弟である懐奘によって嘉禎年間（一二三五〜三八）に書かれているから、道元が鎌倉へ来る前にできあがっていたことになる。

道　元

【道元を鎌倉に招く】　仁治三年（一二四二）、道元は豪族秦野義重の招きで越前国に下った。そこで建立した大仏寺が寛元四年（一二四六）に永平寺と改称されている。時頼は義重と親しかったからであろう、厳しい純粋禅として知られた道元を鎌倉に招いた。宝治元年（一二四七）八月のことであった。道元は時頼らの指導に当たったが翌年三月には越前に帰り、五年後の建長五年（一二五三）に亡くなっている。

道元が鎌倉に滞在していたのは半年ほどだったためか、鎌倉には道元に関する遺跡等は残っていない。ただ鶴岡八幡宮の北西、鎌倉街道を隔てた向こう側、小袋坂の入り口付近に「只管打坐」と彫り込んだ大きな記念碑が建っていて、昔を偲ばせる。

【末法思想を否定】坐禅修行がそのまま悟りであるとする道元は、末法思想を否定している。坐禅修行によって本来持っている悟りを現わすのであるから、末法の世では自力では悟れないとか、極楽往生できないとかいう末法思想は誤りであるということである。

忍性と叡尊を招く

【叡尊と密教と戒律】忍性と叡尊は奈良の西大寺から出た、祈禱に生きる真言宗の僧であった。同時に戒律を重視し社会事業に力を注いだ。これは時頼の政治的課題に対応する形となり、時頼は彼らを尊重して鎌倉に招いた。時頼が尊重したのは忍性が先で、叡尊は忍性の推薦によって鎌倉に来たものである。ただ忍性は叡尊の門弟なので、本稿ではまず叡尊の思想や活躍の様子から始めることにする。

叡尊は建仁元年（一二〇一）大和国添上郡箕田里（現在の奈良県大和郡山市白土町）に、興福寺の学侶慶玄の子として生まれた。七歳の時に母を失い、十一歳で醍醐寺の叡賢阿闍梨の室に入り、建保五年（一二一七）に出家した。以後、高野山・東大寺・興福寺等を巡って修行し、主に密教を学んだ。その中で、空海（弘法大師）の遺戒に、仏道は戒なくしてなんぞ到らんや。すべからく顕密二戒を堅固に受持し、清浄(しょうじょう)にして犯すことなかれ。

「仏の道は戒を守らなくてはどうして完成することができようか。必ず天台宗・真言宗の示している戒を堅く守り、心身を清く保って戒を破ることのないようにせよ」とあるのを見て強く心を打たれた。このことから叡尊は戒を持(たも)ち、自分の宗教的境地を深めるとともに、律を学んで衆生の利益を守ろうと決心した。

叡　尊

そして西大寺に住み、荒廃していた同寺の復興に尽力し、また各地で戒律の普及につとめ、また社会に見捨てられていた非人(ひにん)の救済を図っている。この中で忍性が入門してきた。

【忍性と文殊菩薩信仰と戒律】　忍性は建保五年(一二一七)、大和国城下郡(しきのしも)屏風(びょうぶ)里で伴貞行(とものさだゆき)の子として生まれ、十一歳の時から文殊菩薩(もんじゅぼさつ)に対する信仰を教えられた。文殊菩薩は悟りに至るための智慧を学ぶことと戒律を重視し、貧民救済にも尽力するとされている。なぜ貧民救済に尽力するかといえば大乗仏教の菩薩は、悟りを得るためには自分だけではなく周囲の人々をも救っていくことが必要である、とされていたからである。

忍性は十六歳の時に大和国額安寺（がくあんじ）で出家、翌年、奈良東大寺の戒壇院（かいだんいん）で受戒し、本格的な仏道修行に入った。延応元年（一二三九）、真言宗を重視する奈良西大寺で叡尊に会い、その門弟となった。叡尊からは特に律と社会事業に尽力すべきことを学んでいる。律とは僧の集団（サンガ）で出家修行者が守るべき規則のことで、破った場合の罰則がある。一方、戒とは自分を制する誓いで、破っても罰則はない。

【叡尊の門下たち、関東に下る】　鎌倉時代の社会的風潮に従い、叡尊の門下が次々に関東に下って真言宗と戒・律を重視し、貧民救済に励もうとした。叡尊流の真言律宗を学んだ源海（げんかい）、頼玄（らいげん）、定舜（じょうしゅん）らであった。

忍性は建長四年（一二五二）に鎌倉に入ったが、定住の地を得ることはできなかった。しかし常陸国の豪族八田時知に招かれ、同国筑波の三村（みむら）にある清涼院（三村寺）に住んで鎌倉進出の機会をうかがった。九年後の弘長元年（一二六一）、忍性は鎌倉の新清涼寺釈迦堂に住むことができて、はじめて鎌倉に根拠地を得た。現在の鎌倉市扇ヶ谷（おうぎがやつ）付近である。

翌年の弘長二年、叡尊が北条実時の招きで鎌倉に来て、半年ほど滞在した。この時に叡尊が住所としたのはこの新清涼寺釈迦堂であった。これらのことは、弟子で叡尊に同行した性海が書いた日記である『関東往還記』に詳しい（拙稿「『関東往還記』及び『同前記』」『日本仏教史学』二〇、一九八五年）。

【悲田院で病人・孤児を救済】叡尊の鎌倉滞在中、忍性と頼玄は鎌倉の浜悲田と大仏悲田で病人や孤児に食物を与えて助けている。悲田院とは孤児や病人を救う施設である。すでに京都には設けられていた。幕府の弘長元年二月二十日の法令に次のようにある（『吾妻鏡』同日条）。文中、「無常堂」とは病人・孤児を救う施設で、前述の浜悲田や大仏悲田がそれにあたる。浜悲田は由比ヶ浜にあり、大仏悲田は大仏谷にあった。

　病者、孤子等、路頭に捨てしむるの時、見合うに随って殊に禁制を加うべし。若し又偸(ぬす)みて捨て置かしむる事あらば、保々の奉行人の沙汰として無常堂に送らしむべし。

「病人や孤児が道端に捨てられようとしているのを見たら、その場で厳しくやめさせよ。もし、こっそりと捨てられてしまっていたら、地区の役人の責任で無常堂に送らせよ」。

【叡尊・忍性、幕府に協力】鎌倉内外の街路で前記のような例が目立っていたのであろう。それは安全な生活や秩序の乱れとなっていたので、幕府は秩序維持に努めていた。幕府は農民を基盤とする武士で運営されていた。武士と農民の生きる倫理は倹約である。農業生産量が連年に増大していくことはありえないからである。これに対し、社会的に増えてきた商人や芸人の倫理は奢侈（贅沢）である。いわば派手な夢を売って、それ以上に儲けようとする。狩猟民や漁民も似たような性格がある。また以上の人々は武士・農民などの定着民と異なって、各地を歩き回って生計を立てる遊行民が多い。彼らが増大し、勢力を増すことは支配関係に不安定な要素が増していくことになるのである。

叡尊と忍性をはじめとするその門弟たちの思想と行動は、結果的にではあるが幕府に積極的に協力していたことになる。

前執権になっていたけれども幕府政治の実力者であった北条時頼は、叡尊・忍性を重んじることにした。特に叡尊第一の弟子としての忍性を用い、社会の変化に伴う治安の乱れや倫理観念の変化を押さえ込んでいこうとしたのである。時頼に協力する北条重時や北条実時も同様であった。

北条重時と忍性

【重時と忍性と極楽寺】　北条重時は、鎌倉深沢谷に建設中であった丈六の阿弥陀像を本尊とする極楽寺の移転を決め、正元元年（一二五九）忍性に新たな寺地を選んでもらった。それが現在の極楽寺である。

【優れた人格の重時】　重時は異腹の兄である第三代執権泰時、その孫の第四代執権経時・第五代執権時頼に寄り添って幕府政治の安定に努めてきた。彼には子孫が生きるための心得を記した『六波羅殿御家訓』がある。「六波羅殿」とは、長い間六波羅守護を務めた重時のことである。その本文第一条に、

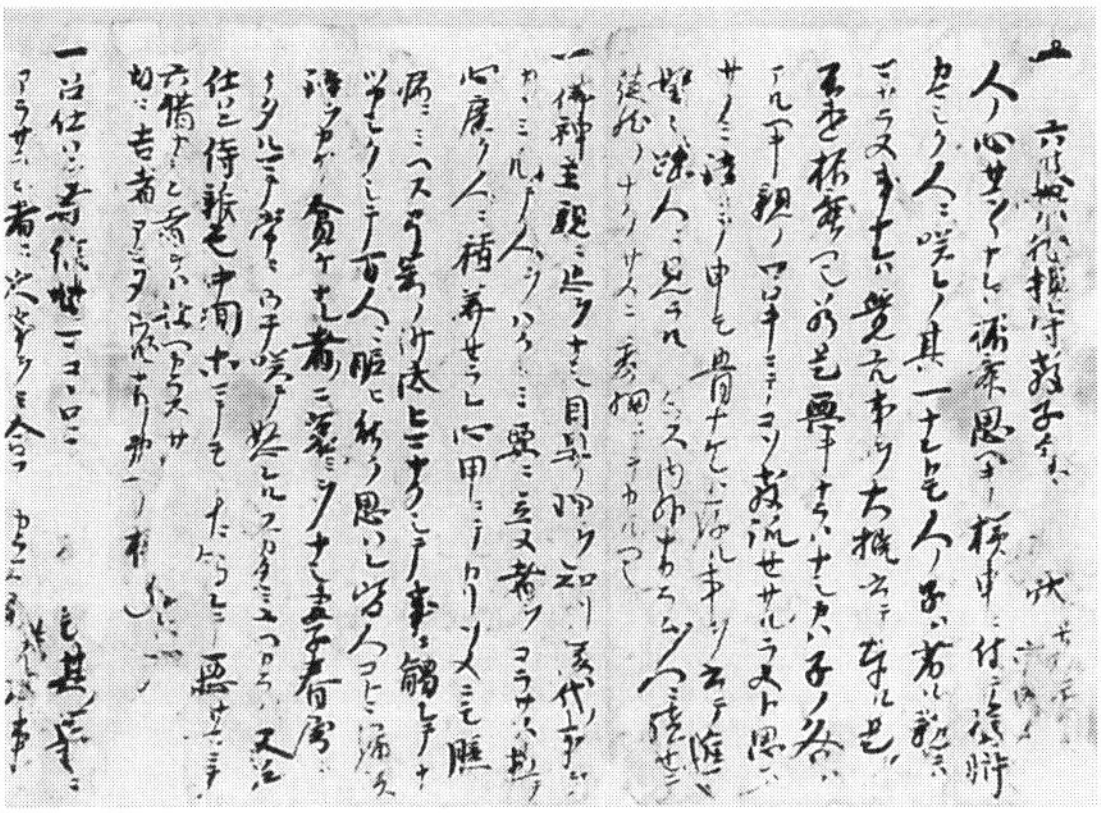

仏・神・主・親に恐をなし、因果の理を知り、後代の事をかゞみ、凡そ人をはぐゝみ、要に立ヌ者をこらさず、惣て心広く、人に称美せられ、心甲にして、かりそめにも臆病に見へず、（中略）妻子眷属にいたるまで、常にうち咲て、怒れるすがた見ゆべからず。

六波羅殿御家訓（天理図書館蔵）

「仏・神・主人・親のことを怖く思って言うに従い、仏教の根本原理である〝ものごとにはすべて原因があり結果がある〟ということを理解し、何か行なう時には後々への影響を考慮し、どんな人でも家族・家来を大切にし、役に立たないと家来を叱りつけることなく、万般にわたって人に寛容にし、他の人たちに褒められ、自分の心を強く

極楽寺

し、ほんの少しでも臆病に見えるようにはせず、（中略）妻子だけでなく家来たちまで、いつも声を上げて笑い、怒る様子を見せないようにしなさい」などとある。主人（重時家にとっては、時頼らの北条氏本家）や家来たちとの人間関係がうまく取れるようにとの心得を述べている。

また『御成敗式目』には第一条に神道・神社のことがあり、第二条に仏教・寺院のことがあるのに対し、『極楽寺殿御家訓』には第一条に「仏・神」とあって、神仏が逆転していることが興味深い。

二年後の弘長元年（一二六一）十一月三日、重時は六十四歳で没し、忍性はその葬儀の導師を勤めている。

【熱心な念仏者】　重時は個人的には熱心な念仏行者であった。『吾妻鏡』弘長元年（一二六一）十一月三日条に、

　発病の始めより万事を擲ち、一心に念仏す。正念に住し終を取ると云々。

「病気になったその最初から、すべてのことを投げ捨てて、ひたすら念仏を称えました。気持ち穏やかに正しい姿勢で亡くなりました」。平安時代後期以来、このような様子を臨終正念といい、理想的な亡くなり方で極楽往生は疑いないとされていたのである。

重時は政治的野心はなく、事にあたっては断固とした動きをしながら、ふだんは私心なく穏やかであった。念仏や真言律宗の忍性を盛んに攻撃した日蓮も、重時については、後に『兵衛志殿女房御返事』の中で、「極楽寺殿はいみじかりし人ぞかし（重時殿はとてもすばらしい人でした）」と褒めている。

【忍性、極楽寺の住職となる】　文永四年（一二六七）、重時の子である長時・業時兄弟は忍性を極楽寺の住職として招き、同寺を真言律宗の寺院とした。翌年には忍性が願主となり同寺本尊としての清涼寺式釈迦如来像と十大弟子像が造立された。以後、忍性は嘉元元年（一三〇三）に八十七歳の高齢で亡くなるまで、極楽寺を拠点にして幕府と手を結びつつ、さまざまな活動を行なっている。

北条長時・業時と忍性

【北条（赤橋）長時と忍性】　時頼と親しかった人物の一人に北条長時がいる。彼は重時の息子で、次男ながらその後継者となった人物であり、名字を赤橋と称した。「赤橋」とは鶴岡八幡宮三の鳥居のすぐ内部にある橋のことである。当時は赤く塗られていたので「赤橋」と通称した。長時の屋敷はこの

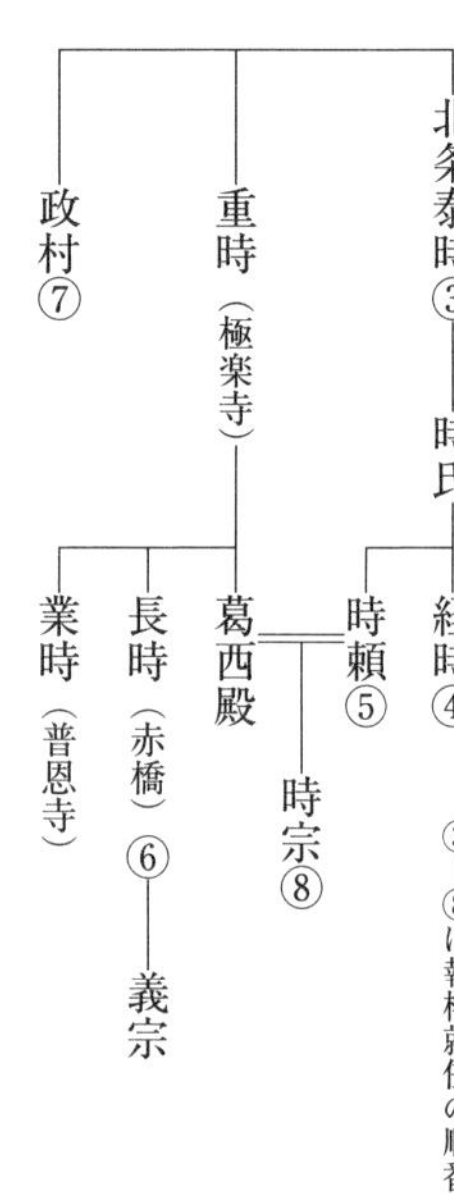

赤橋の近くにあった。

長時は寛喜二年（一二三〇）に生まれ、同年に父が六波羅守護北方として京都に上ると、まだ誕生したばかりながら連れられていき、京都で成長した。父の六波羅守護在任は十七年間にわたったので、京都での生活も長かった。長時は貴族の文化をかなりの程度に身につけたと推定される。また時頼の妻は重時の娘葛西殿であり、長時の同母妹である。

建長八年（一二五六）時頼が病気になると、嫡男の時宗（六歳）がまだ幼いため、成人して執権職を譲れるまでの中継ぎとして長時が選ばれた。二十七歳であった。長時は温和で野心がなく、事務処理には長けた人物であった。幕府政治の実権は、まもなく病気が癒えた時頼が握り続けていた。

長時は父に引き続いて忍性を重用した。ただ長時は父没後わずか三年の文永元年（一二六四）に三十五歳の若さで亡くなってしまったので、忍性を極楽寺住職に任命したのは長時の息子の義宗である。彼は文永九年（一二七二）、六波羅守護北方として京都に在任中に時宗の命令を受け、時宗の異母兄時輔を討ち取っている。重時・長時に引き続き、北条氏本家に忠実な人物であった。

【赤橋家の菩提寺・浄光明寺】　建長三年（一二五一）ころ、時頼と長時が開基となって浄光明寺を創建した。この寺は鎌倉の亀ケ谷坂と化粧坂に挟まれた扇ガ谷の支谷である泉ヶ谷にある。現在の鎌倉市扇ガ谷二丁目であり、鶴岡八幡宮の西方に当たる。開山の真阿は浄土宗系の僧であるが、複数の宗派が存在する兼学の寺であった。

浄光明寺

長時が文永元年（一二六四）に三十五歳で亡くなると、浄光明寺は赤橋流北条氏の菩提寺として扱われるようになった。そして同寺第三世の高恵の時から四宗兼学の寺とされるに至った。真言宗・天台宗・浄土宗・華厳宗・禅宗・律宗の諸宗派である。「四宗」とは必ずしも四つの宗派ということではない。現在では真言宗泉涌寺派に属している。

【北条（普音寺）業時と忍性】　業時は重時の五

男で長時の十一歳年下の異母弟である。後に普音寺(ふおんじ)を名字とした。極楽寺流の中での家格は低かったが、叡尊が鎌倉へ来た時には多宝寺を建立して忍性を開基に招いている。この多宝寺は前掲の浄光明寺の東にあった。忍性が極楽寺第一世の長老となった後、同寺第三世と第四世になった順忍(じゅんにん)と俊海(しゅんかい)は、いずれも多宝寺の長老であった。すなわち業時建立の多宝寺は、鎌倉での極楽寺に次ぐ西大寺流真言律宗の重要寺院とみなされていたのである。

北条実時と忍性

【北条（金沢）実時と忍性】　忍性は北条実時とも親しかった。実時は重時とともに時頼政権の一翼を担っていた人物である。その実時は所領である武蔵国六浦荘金沢(むつらのしょうかねさわ)（横浜市金沢区）の住居内に、正嘉二年（一二五八）、持仏堂を建立した。当初は「称名寺」という名が示しているように念仏系であったというが、文永四年（一二六七）、実時は忍性の推薦によって下野国薬師寺の僧審海(しんかい)を開山に招いて真言律宗の寺とした。審海は忍性と親しい僧であった。以後、審海は忍性の熱心な助力もあって称名寺の発展に尽くした。

【幕府の安定に尽力】　北条実時には『北条実時家訓』がある。これは息子の実政(さねまさ)に書き与えたものである。ただ前欠で、それもかなりの分量が欠けているようである。しかし北条重時と同様、家中さらには幕府の安定を図る意欲に満ちていて興味深い。現存の文の中に、例えば次のようにある。

（前略）みだりに事を行なわず、詳しく道理をたゞし、貴をもなだめず、賤をもすてず、かたく賞罰を行なひて、私し無(なか)らんに於ては、人みな天の政(まつりごと)の如くに思て、うらみそねむ所あるべからず候。

「（前略）正当な理由もなく政策を行なうことのないようにし、明確に正しい考え方で行なうようにし、身分が高い者にへつらうことなく、賤しい者の意見だからといって捨てるようなことはせず、正しく褒めることと叱ることを行ない、自分の依怙贔屓(えこひいき)などまったくないようにすれば、皆は天帝が政治を行なってくれるようだと思って、腹立だしいとか羨ましいとかいう気持は持たないであろう」。

時頼・重時・実時がその置かれた困難な状況とそれを乗り切っている様子も偲ばれる。

時頼と日蓮

日蓮は『法華経』を尊崇し、「南無妙法蓮華経」と唱えることを声高に説いたとして知られている。仏都鎌倉を彩る僧侶の中では次項の一遍(いっぺん)とともに異質な存在である。幕府の政治課題に協力するというより、自らの宗教課題の受容を幕府に迫るといった活動を強力に推し進めたからである。ただ日蓮の立場からいえば、それはまさに蒙古襲来を乗り切るという当時の政治課題に対応するものでもあった。日蓮の活動は仏都鎌倉の歴史を豊かにしている。

【日蓮の各地での研鑽】 彼は貞応元年（一二二二）、安房国長狭郡東条郷片海（千葉県鴨川市、かつての安房小湊町）の漁村に生まれた。父は安房国の守護の役所に文筆をもって仕える官僚で、家は学問的雰囲気に満ちていたと推定される（中尾堯『日蓮』歴史文化ライブラリー、吉川弘文館、二〇〇一年）。日蓮自身は「海辺の旋陀羅（奴隷身分の者）が子なり」（『佐渡御勘気抄』）と述べているけれども、これはそのような者であっても『法華経』は救ってくれるということを示したかったからと推定される。

日蓮は、十二歳の時、近くの清澄山にある虚空蔵菩薩を本尊とする清澄寺に入って学問を修めた。十六歳で出家したが、やがて当時の仏教界が多くの宗派に分かれ、僧侶たちも争っていることに疑問を持つようになった。そしてこの疑問を晴らそうと、また自分を導いてくれる優れた師匠はいないかと、十数年にわたって各地の寺院を訪れ研鑽を積んだ。それは鎌倉から始まり、京都・比叡山延暦寺・園城寺・高野山金剛峰寺・四天王寺などに及ぶ。このうちもっと長く滞在したのは延暦寺であった。

【法華の題目「南無妙法蓮華経」】 この研鑽の結果、師匠には出会えなかったけれど、『法華経』こそ真の仏教であるとの確信を得た。そしてその『法華経』への信仰の中から「南無妙法蓮華経（ああ、なんとすばらしい法華経であることか）」という題目を発見した。その題目に絶対的に帰依することにより宇宙的規模の救済が実現されるとし、題目を本尊とし、題目を唱えることが末法の世で苦しむ人々を救う真実の救いになるとしたのである。建長五年（一二五三）初夏、三十二歳の日蓮は清澄山に帰り、四月二十八日に朝日に向かって初めて「南無妙法蓮華経」と唱えたという。日蓮宗ではこれを立教開宗としている。「南無妙法蓮華経」という題目は平安時代に造立された仏像の胎内名などに散見するが、題目を本尊として仏教界に高く掲げたのは日蓮の独創である。

当然のように清澄寺の僧たちの反感を買った日蓮は鎌倉に出て、そこを根拠地にして南関東の諸地方に布教し、多くの武士の信者を得た。

【日蓮、『立正安国論』を時頼に呈上】　いつの時代でもそうであるけれども、日蓮のころにも地震や大雨による被害が出ていた。天変地異の頻発である。特に正嘉元年（一二五七）の大地震は凄まじく、鎌倉も壊滅状態となった。日蓮は、それは念仏などの悪法（誤った仏教）がはびこっているからであるとした。『薬師経』によると、悪法がはびこっている国土には七つの大きな災害すなわち七難が襲いかかるし、うち五難はすでに起きている。このままではさらに残った二難、「他国侵逼の難」と「自界叛逆の難」に襲われるという。「他国侵逼の難」とは、他国からの侵略を受けて国が滅びるという災難である。「自界叛逆の難」とは、国内で内乱が続発し収拾がつかなくなるという災難である。

悪法を排除し、正しい仏法である『法華経』を広めれば国難である災難は防ぐことができる。それを行なうのは日本国主（国王）の責任であると、日蓮は『立正安国論』を書いてその中で強く説き、それを日本国主に呈上した。文応元年（一二六〇）のことであった。

> 汝早く信仰の寸心を改めて、実乗の一善に帰せよ。然ればすなわち三界はみな仏国なり。仏国それ衰えんや。十方は悉く宝土なり。宝土なんぞ壊れんや。国に衰微なく土に破壊無くんば、身はこれ安全にして、心はこれ禅定ならん。

「あなたは、間違った小さい迷いの心をすぐに改めて、真実の仏法を信じたまえ。そうすれば、時間と空間を超えた全世界は、すべて仏の国になるのです。その仏の国には『衰え』ということがあるでしょうか。いや、それはないのです。世界のすべての場所は仏のいる理想郷となります。その理想郷がはたして破壊されることがあるでしょうか。いや、そのようなことはあるはずはありません。国に衰えがなく、その土地も壊されなかったら、人々の身は安心で危険がなく、心はいつも落ち着いていられるのです」。

日蓮は『法華経』を広めて日本国を救うには日本国主を説いて『法華経』の信者とし、その支配の力によって広めることがもっともよい方法と考えた。では日本国主とは誰か。日蓮の認識ではそれは当時の亀山天皇でもなければ院政を行なっていた後嵯峨上皇、あるいは将軍の宗尊親王、執権の北条長時でもなく、前執権となっているけれども最大の実力者である北条時頼であった。前掲引用文中の「汝」とは時頼のことであった。『立正安国論』は書名そのものが「正しい教え（『法華経』）を政策の中軸として立て、日本国を安定させよ」という主張を示している。

【日蓮、伊豆に流罪】　しかし日蓮は周囲の仏教界、特に念仏信仰の僧侶たちの反発を受け、住居である松葉ヶ谷（広くは名越と称された地域。鎌倉市大町）の草庵が焼き打ちにされたので、下総国若宮（千葉県市川市）に逃げた。翌年鎌倉に戻ったが、執権長時は日蓮を拘束して伊豆国伊東に流罪とした。弘長元年（一二六一）のことであった（拙稿「日蓮―弾圧こそ正しさの証」『日本の奇僧・快僧』吉川弘文館、二〇一七年）。流罪を許されたのは二年後のことであった。これは時頼の判断であった。

名越の地域は、常に得宗に反抗を繰り返す名越家の本拠地であり、日蓮にもその保護があった気配である。時頼は日蓮の動きを危険視していたのである。

日蓮は、数年後に蒙古の使者が日本を訪れると、再び活発に『法華経』受持を幕府に迫ることになる。執権は就任したばかりの北条時宗であった。このことについては後述する。

北条朝直、良忠を招く

北条政子が教えを受けた法然の門弟は、熊谷直実や箱根権現・伊豆走湯権現の領主であった聖覚法印、北条泰時に信頼された親鸞らが鎌倉で知られていた。また流罪によって奥州に流される途中、滞在先の厚木飯山で亡くなった隆寛も知られていたであろう。そして浄土宗を本格的に鎌倉に広めたのは法然の孫弟子にあたる良忠であった。彼を受け入れたのは、泰時の十五歳年下の

従兄弟にあたり、時頼に協力した北条（大仏）朝直であった。

朝直は建永元年（一二〇六）の生まれで、父の時房は義時の異母弟である。時房は大仏殿と称され、鎌倉の北西部の郊外に邸宅があった。時房は兄の義時や甥の泰時と親しかった。この時房を祖とする大仏流北条氏は、最初から庶流であることを意識してか、鎌倉時代を通じて本家である得宗家（義時の系統）に背くことはなかった（誤解を受けて咎められることは一度あったが）。朝直も評定衆・引付頭人として、あるいは相模権守・武蔵守・遠江守・遠江守護として、第三代から第七代執権までを北条氏の長老格として補佐し続けている。文永元年（一二六四）年に五十九歳で亡くなった。

【良忠、鎮西義を学ぶ】　良忠は正治元年（一一九九）に石見国三隅荘（島根県那賀郡三隅町）で生まれた。十三歳で出雲国鰐淵寺（島根県出雲市別所町）に入り、建保二年（一二一四）に出家した。以後、奈良などの各地で天台・真言・倶舎・法相・律・三論・華厳・禅を学んだ。さらに貞永元年（一二三二）には故郷の石見国に帰って多度寺に五年間も籠り、

不断念仏（一定の日数を定めて念仏を称え続ける行）を修した。

嘉禎元年（一二三五）、良忠は九州に下って筑後国（福岡県）の天福寺に弁長を尋ねてその門に入り、二年間にわたって専修念仏（せんじゅねんぶつ）を学んだ、弁長は法然の門弟だったのである。法然の系統はいくつかの系統に分かれたが、弁長の系統を鎮西義（ちんぜいぎ）（後には鎮西派）と称した。暦仁元年（一二三八）、故郷に帰った良忠は、石見国から安芸国（広島県）に念仏を布教して回った。さらに宝治元年（一二四八）には京都に出て布教した。以後信濃国を経て建長元年（一二四九）には関東に入り、常陸国・上総国・下房国を十年にわたって布教して巡り、正元元年（一二五九）には鎌倉に入った。良忠六十一歳の時のことであった。

良　忠

【朝直、良忠に帰依】　鎌倉では、当初、大仏勧進聖（だいぶつかんじんひじり）（大仏を造立するために資金を集めて回る僧）の浄光のもとに滞在していたという。この地域は大仏流北条氏の勢力圏であり、その関係からか良忠は北条朝直の帰

光明寺

依を受けて佐助ヶ谷（さすけがやつ）に悟真寺を建立することができた。朝直はまもなく亡くなったが、良忠は引き続き大仏流北条氏の支援を受け、多くの門下を養成した。また良忠は優れた学僧で、著作も多く、その代表的著書である『観経疏伝通記（かんぎょうしょでんずうき）』は七十七歳の時、この悟真寺において執筆されたものである。現在、鎌倉市材木座にある浄土宗大本山光明寺は、悟真寺の後身であるという（『光明寺と良忠上人』特別展図録、鎌倉国宝館、一九八六年）。

【浄土宗の諸派】　法然の専修念仏は、門弟たちの受け止め方によって複数の流派に分かれていった。特に、極楽往生のためには念仏を何回称えればよいか？　ということが問題であった。法然自身、たとえば『黒田の聖人へつかはす御消息』で次のように述べている。

行は一念・十念むなしからずと信じて、无間(むけん)に修すべし。一念なほむまる、いかにいはむや多念をや。

「念仏は一回称えても十回であっても阿弥陀仏は救ってくださると信じて、ずっと称え続けなさい。一回だって極楽往生できるのですから、数多く称えれば極楽往生できないことがありましょうか」。では、一回でもよいのか？　多数回必要なのか？　弟子たちはそれぞれの人生体験により、またその弟子が教える人たちの切実な気持により、考え方が分かれていった。それらは一念義・多念義・西山義・諸行本願義・鎮西義などと称された。さらには、一念義に近いけれども信心を強調する考えもあった。それらを要約すると次のようになる。

イ　一念義：極楽往生には信心に基づく一回の念仏で十分とする。法然の門弟である幸(こう)西(さい)の説。

ロ　多念義：毎日数万遍の念仏を続けると、臨終にそれが成就して極楽往生するとする。隆寛の説。長楽寺義ともいう。

ハ　西山(せいざん)義：念仏は教義上の由来をよく理解した上で称えようとする。証空の説。

ニ　鎮西義：念仏はその意味を検討するより、心を尽くして称えようとする。弁長の説。

ホ　諸行本願義：念仏以外の行も念仏と同じ価値があるとする。長西の説。九品寺義ともいう。

へ　信を重要とする説：念仏は信で理解して称えよとする。聖覚の説。

ト　信心で念仏せよとする説：信心を基にして念仏を称えよとする。親鸞の説。

以上の中で証空の念仏説は貴族に人気を博し、鎌倉時代の京都ではもっとも人気があった。後に西山義の人たちは西山派と称される集団を構成した。その後身が現在の浄土宗西山派である（なお、この派は、浄土宗西山禅林寺派、西山浄土宗、浄土宗西山深草派に分かれている）。

また鎮西義は後に鎮西派を構成した。それを受けているのが現在の浄土宗である。この派では開祖を法然、第二祖を弁長、第三祖を良忠としている。

【鎌倉の念仏者たち】　北条時頼の時代ころまでに鎌倉に入ってきたのは前掲の聖覚や親鸞の他に、飯山で亡くなった多念義・隆寛の門弟とされる智慶（ちけい）らがいる。

また鎌倉の名越には北条政子が建仁年間（一二〇一～一二〇五）に建立した新善光寺があり、叡尊が鎌倉に来た時には諸行本願義を説く道教がこの寺の別当であったという。叡尊の関東行きを弟子の性海が記録した『関東往還記』には、道教を「念仏者の首領」としているので、その勢威が盛んであったことが判明する。北条（名越）時章も道教を崇敬した。また道教とその門弟の性仙は北条（赤橋）長時が建立した浄光明寺にも住んだという。

仏都鎌倉と蒙古襲来

北条時宗の課題

時宗の誕生と環境

【盤石の得宗家】　時頼の後を継いだ時宗は、建長三年（一二五一）に生まれた。母は北条重時の娘・葛西殿である。時頼が二十歳で執権に就任したのは寛元四年（一二四六）三月であった。二ヶ月後（閏四月）、兄の前執権経時が亡くなり、翌月五月には将軍藤原頼経を担いで時頼を倒そうと軍事行動を起こそうとした北条（名越）光時の軍事行動を鎮圧し、七月には頼経を京都に強制的に送還した（宮騒動）。さらに翌年の宝治元年（一二四七）七月、有力御家人安達義景と協力して三浦泰村一族を鎌倉で滅ぼし、三浦氏に味方する千葉秀胤一族を上総国で滅ぼした。時頼には極楽寺重時や金沢実時らの有力北条氏も味方についており、得宗家の勢力が磐石になった中で誕生したのが時宗であった。

【時宗の執権就任】　やがて時頼は重病に陥ったことがあって康元元年（一二五六）に執権職を赤橋長時に譲った。しかし実権は依然として時頼が握っていた。その時頼は弘長三年（一二六三）に亡くなったが、時宗はまだ十三歳だったので、執権は長時が引き続き勤めた。翌年には長時が出家して長老の北条政村が六十歳で執権となり、時宗の成長を待つこととなる。結局、時宗が執権になったのは文永五年（一二六八）三月、十八歳の時であった。

北条時宗

時宗に関係する系図は次ページのようになる。

時宗の課題

【反時宗の動き】　前掲の三浦泰村一族や千葉秀胤一族の滅亡で得宗家の勢力は磐石になったけれども、それから二十年たち、また不穏な動きが目立つようになっていた。それは泰時執権の時代以来、常に北条氏本家意識の抜けない名越家の教時であり、加えて皇族将軍として鎌倉に下向して十四年、二十五歳ほどに成長した宗尊親王であった。彼らを軸にした反得宗の計画が組み上げられつつあった。また時宗の異母兄・時輔も、時宗にとっては厄介な存在になりつつあったのである。

北条時頼⑤ ─ 時輔
北条時頼⑤ ＝ 葛西殿 ─┬ 宗政
　　　　　　　　　　└ 時宗⑧
時宗⑧ ＝ 堀内殿 ─ 貞時⑨

┬ 極楽寺重時 ─┬ 葛西殿
│　　　　　　└ 赤橋長時⑥ ─ 義宗
├ 北条政村⑦
└ 金沢実泰 ─ 実時
安達義景 ─┬ 堀内殿
　　　　　└ 泰盛

【蒙古の脅威】　この国内の問題をどう処理していくかとともに、時宗の課題にはさらにもう一つ、やがて中国大陸から日本にまで手を伸ばしてくるであろう蒙古の脅威をいかに切り抜けるか、という課題があった。

蒙古の襲来

大勢力の蒙古

【チンギス・カンとフビライ】　時宗が執権の地位につく直前、中国大陸から蒙古が日本に攻め込んでくる気配が明らかになっていた。大陸北部のモンゴル平原で、テムジンなる人物がその諸部族を統一して帝国を作りチンギス・カンを名乗ったのは西暦一二〇八年、日本の年号で言えば承元元年のことであった。幕府の将軍は源実朝、執権は北条義時である。

その後蒙古はアジアから欧州に至る大帝国を作り上げ、文応元年（一二六〇）、チンギス・カンの孫にあたるフビライが皇帝の地位についた。この段階で漢民族の王朝は大陸南部に追いやられていた（南宋）。朝鮮半島では高麗（こうらい）が正元元年（一二五九）、三十年に及んで国土が蹂躙（じゅうりん）された後、蒙古に降伏していた。大陸や半島との貿易は盛んであったから、当然、以上のような情勢は日本に伝わっていたはずである。ただし、朝廷や幕府などの為政者の意識に上ることはあまりなかった。

【フビライ、日本征服を計画】　文永三年（一二六六）、フビライは日本との交渉を決意し、高麗を案内に立てて牒状（ちょうじょう）（上下関係のない相手に対する手紙）を送ってきた。しかし高麗の使者は巨済島まで行ったが引き返してしまった。フビライは再び高麗に命令し、文永五年（一二六八）正月一日、その使者が大宰府に到着した。その牒状には次のようにあった。文中、「国」は世界全体を支配する帝国内の一地域、「区夏」は天下のことである。

皇帝書を日本国王に奉る、朕惟（ちんおも）ふに、古より小国の君、境土相接さば、務を尚び、信を講じ、睦（むつ）みを修す。況や我が祖宗、天の明らかなる命を受け、区夏を奄有（えんゆう）し、（以下略）

「皇帝である自分が日本国王に差し上げる。私は思うに、昔から日本のような小国の君主は、大国と境界を接していれば、大国に対する任務を大切にし、信頼の使いを送ってきて、仲よくしようとする。なおさら私の帝国の先祖は、天のはっきりした命令を受け、天下を広く所有」しているから日本国王は使者を送ってくるべきである、という内容である。そして、それに応じなければ侵攻するぞとの脅しが背後にあるのは明らかである、というのが長い間の日本の研究者の説であった。しかし実際のところ、この時期のフビライは日本との開戦は考えておらず、穏やかな態度であったという（杉山正明『モンゴル帝国の滅亡（下）』講談社現代新書、一九九六年）。

【幕府、警戒を指令】　これに対し、幕府は一挙に警戒態勢を整えるとともに、日本からの返事は出さなかった。同年二月二十七日付で、当時の執権北条政村と連署の時宗は讃岐国守護の北条有時（政村の異母弟）に、将軍惟康王の命令として次のように伝えている。

蒙古人、凶心を挿み、本朝を伺うべきの由、近日牒使を進らする所也。早く用心すべきの由、讃岐国御家人等に相触れらるべきの状、仰せに依って執達件の如し。

「蒙古人たちが、悪い企みを抱き、日本の様子を探ってきたことについて、近々返事を出す予定である。そこで戦いの準備を早くするようにと讃岐国の御家人等に伝えるようにと、将軍の仰せでこのように伝える」。

幕府、蒙古との戦いを決意

さらにその一週間後の三月五日、政村と時宗は執権・連署を交代し、時宗が第八代執権となった。ここに十八歳の若者時宗は日本の命運を賭けて立つことになった。幕府の有力者たちは、時宗ならできると判断したのである。

【異国警護番役】　さて幕府は蒙古への返事をなかなか出さなかった。フビライは、気長に何度も使者を対馬まで送って返事を求めてきた。そこで外交の最終的な決定権を握っている朝廷では返事を出すことにしたが、その内容が屈辱的ということであったという。それを読んだ幕府は断然返事を出さないという強硬な態度をとることに決定、蒙古の使者を追い返した。

文永八年（一二七一）、大都と名を変えた北京を都とし国号を大元とした蒙古は、再び使者を送ってきて武力侵攻を警告した。しかし幕府は受け付けず、開戦は決定的となった。幕府は少弐氏をはじめとする西国御家人に戦争の準備をさせ、異国警護番役を設けた。他国に住んでいても、西国に領地のある御家人は防衛に当たる義務があるという任務である。

【文永の役】　やがて文永十一年（一二七四）、高麗の艦船に案内された大元の大軍が北九州に攻め寄せてくることになる。

時宗と僧侶たち

時宗、政治家として成長

【反時宗の一族を殲滅】 時宗は防衛戦争の指揮に当たる自身の権威を高めるため、いくつかの強硬策をとった。文永九年（一二七二）二月十一日、評定衆で名越家の北条時章・教時兄弟を誅殺し、すぐさま京都に早馬を立てて六波羅守護北方北条義宗に命じ、同南方の異母兄時輔を殺させた。あわせて二月騒動と呼ばれた事件である。殺されたのはいずれも時宗に不満を持つ人たちである。時章・教時の兄弟全員に関わる系図は次ページのとおりである。末弟の時基のみ、最後に時宗に忠誠を誓って好遇を受けた。

【武断的な時宗】 時宗は一族の長老や侍所所司（次官）であった内管領（御内人の筆頭）らに守られ、武断的な行動の取れる若者に育っていった。その基礎としての心を強く

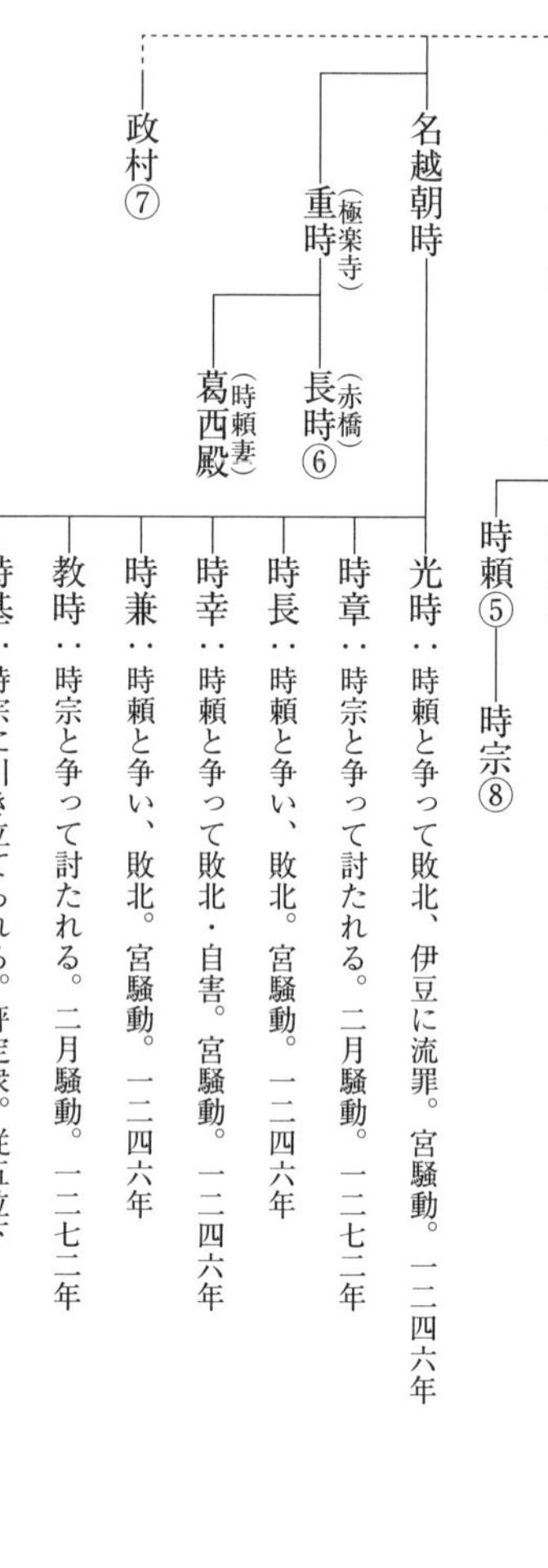

するため、禅の高僧の話を聞き、坐禅に励んだのである。その最初は父時頼が重んじていた蘭渓道隆であった。それに続く同じく渡来僧の大休正念や無学祖元らであった。

蘭渓道隆に親しむ

【蘭渓道隆に帰依】　南宋の僧である蘭渓道隆が日本に来たのは寛元四年（一二四六）であった。彼はやがて北条時頼に招かれて鎌倉に下った。鎌倉では寿福寺、常楽寺（住持）、建長寺（開山）に住んで時頼以下を導いた。時頼が亡くなった後では文永二年（一二六五）、北条氏の勧めで京都・建仁寺に移り、三年間を過ごした。この間、後嵯峨上皇に召されて宮中に入って禅を説くなどの活動をし、京都でも注目された。

文永五年（一二六八）、執権職に就任した時宗は再び蘭渓道隆を鎌倉に招き、建長寺に住まわせた。建長寺は鶴岡八幡宮からその西北端にある小袋坂を登り、下ったところにある。ここは北条得宗家の本拠地である広大な山内荘の南端である。若い時宗はこの建長寺に通って蘭渓道隆に参禅した。

蘭渓道隆

【蘭渓道隆は蒙古のスパイか？】　ところが、蒙古の襲来が迫った文永九年（一二七二）のころ、蘭渓道隆は蒙古のスパイではないかと中傷する人たちが現われ、甲斐国（山梨県）や陸奥国の松島に移されてしまった。間もなくその疑いも晴れて鎌倉に帰ったが、再度甲斐国に移されるなどのこともあった。蘭渓道隆の勢力の盛んな様子に

明月院

対する妬みが各方面にあったのであろう。しかしながらそれも長続きせず、やがて鎌倉に帰り再び寿福寺や建長寺に住むことになった。

　時宗自身の蘭渓道隆に対する信頼の心は強く、建長寺に戻った蘭渓道隆を五百メートルほど北方に建立した禅興寺の住持に据えている。禅興寺は、北条時頼が山内荘内の別邸に設けていた最明寺と呼ぶ持仏堂が、その没後に廃絶していたのを再興したものという。

　禅興寺もやがて廃絶したが、その塔頭であった明月院は健在である。

【蘭渓道隆の遺誡】　蘭渓道隆は、弘安元年（一二七八）、建長寺において亡くなった。六十六歳であった。その最後にあたり、『遺誡五ヶ条』を建長寺の僧たちに示している。それぞれの条の要点を示す文を抄出してみよう。

第一条　専ら坐禅せんことを要す。その余は何をか言はん。

「とにかく坐禅をしなさい。それ以外は役に立たない」。

第二条　和合補弼して仏祖の本宗を味ますこと勿れ。

「皆さん教義等で喧嘩せず仲良く補い合い、釈迦の教えの主旨を混乱させないようにしなさい」。

第三条　戒は是れ僧の体なり。葷酒肉臠を門前にて鬻ぐことを許さず、何に況や山中に入ることをや。

「戒を守ることは僧としての基本である。香りの強い野菜・酒・肉の切り身を建長寺の門の前で売ることは許さない。ましてそれを買って山内に持ち込むことは禁止だ」。

第四条　参禅学道は四六の文章に非ず、宜しく活祖意に参ずべし。死話頭を念ずること勿れ。

「坐禅をして仏の教えを学ぶためにはきれいに整えられた漢文を読むことではない、釈迦の真の考えを会得するようにせよ。形だけの公案に思いを致していても仕方がない」。

第五条　大法は非器に授くること勿れ。

「能力のない者を釈迦以来の後継者にしてはいけない」。

この遺誡は建長寺その他の禅寺の修行生活の実態を示唆していて興味深い。つまり、必ずしも厳しい修行生活をしている者ばかりではなかったということである。

時宗は執権着任早々、南宋在住で蒙古関係の情報に詳しく、同時に禅の深い境地に達している僧を新たに招くことにした。その招きに応じて来日したのが大休正念であった。

大休正念を招く

【大休正念と曹洞宗と臨済宗】　南宋の僧である大休正念は、一二一五年に温州永嘉（浙江省温州市永嘉県）で生まれた。はじめ蘇州（江蘇省）万寿寺で曹洞宗を学び、のち杭州（浙江省）径山(きんざん)で臨済宗を学んだ。

同じように坐禅の修行を強調しているにしても、曹洞宗と臨済宗とは形が異なっている。曹洞宗の禅は黙照禅(もくしょうぜん)という。これは何も求めずにただ坐禅をする、というスタイルである。臨済宗は公案（テーマ）を与えられて思念を凝らすというスタイルである。

【大休正念に帰依】　時宗は、先に中国での修行から帰国していた北条一族の無象静照(むしょうじょう)の推薦を受け、無象の径山での師匠であった大休正念を鎌倉に招くことにした。その招きに応じた大休正念は文永六年（一二六九）、五十六歳で来日した。時宗は早々に禅興寺に迎え入れ、禅に詳しい家臣を送って法語を求めた。時宗は十九歳で、前年一月に蒙古からの最初の使者を受け、三月に執権になったばかりであった。精神的にもかなり苦しい状態にあったようであった。彼は安定した心の「悟り」が欲しかったのである。また、中国の状況を早く知りたかったこともあったろう。

　大休正念は、「即心即仏（今現在の心がそのまま悟りの心だ）」と答え、また今度は「即心即仏」にこだわってしまう者のために、「非心非仏（悟りは心じゃない）」といういずれも『無門関』に示される公案を法語として与えたのである。『無門関』は南宋の禅僧である無門慧開によって編まれた公案集である。大休正念は時宗の心中を鋭くも察して、蒙古に対して強い心を持つよう指導したのである。

大休正念

【大休正念の故国に対する思い】

大休正念の故国に対する思いは後に時宗に与えた次の文に示されている（『大休禅師法語』）。

　巨敵を攘い、社稷を安じて万世不抜の基を立つるは、皆仏性を妙悟するの霊験なり。（中略）相模守殿（中略）内は藩屏となり、外は仏乗を護る。誠に仏菩薩位中の人なり。

「巨大な敵である蒙古を追い払い、日本を安全にし将来にわたっても負けない国力を作るのは、すべて悟り得たすばらしい力によるものである。（中略）時宗殿は（中略）内にあっては皇室を守護する防壁となり、外に向かっては仏教を擁護している。ほんとうに仏菩薩にも相当する人だ」。

時宗そして蘭溪道隆も大休正念を尊重し、禅興寺に引き続き寿福寺、建長寺、円覚寺の住持を歴任させた。大休正念の禅に関する指導力は強かった。そして弘安四年（一二八一）八月、時宗がもっとも頼りにした同母の弟である宗政が亡くなると、時宗は山内に浄智寺を建立し、大休正念を住持としている。

無学祖元を招く

【南宋から無学祖元を招く】　浄智寺建立の二年前の弘安二年（一二七九）、時宗は家臣二名を送って新しい禅僧を招聘しようとした。これは大休正念が来日してすでに十年、六十五歳になっていたからである。当時の平均寿命は四十代の前半である。前年には蘭溪道隆が亡くなっていて、大休正念も老年の域に入っており、今後に向けて新しい禅僧を求めた気配である。またそれは南宋が大元によって滅ぼされる直前であった。南宋の詳しい情勢も知りたいということであったろう。ちなみに南宋との貿易や大元との貿易はずっと盛んに行なわれていた。したがって国際問題に関する断片的に情報はさまざまに入ってきていたものと考えられる。時宗の招きに応じて来日したのが無学祖元であった。

なお、大休正念が実際に亡くなったのは正応二年（一二八九）のことであった。

【無学祖元の禅修行】　無学祖元は臨済宗の僧で、一二二六年、慶元府鄞県（中華人民共和国浙江省寧波市鄞州区）に生まれた。十三歳で父を喪い、西湖湖畔の南塀山にある浄慈寺（浙江省杭州市西湖区）に入って出家した。この寺は日本の道元が指導を受けた如浄が住持を務めていた寺院でもある。一二三九年、径山の万寿寺（径山興聖萬寿禅寺）で本格的に参禅修行をした。その後、郁王山阿郁王寺・天童山天童寺等の諸寺院で修行した。天童寺は、栄西や道元も坐禅修行したところである。

無学祖元

【大元の兵と無学祖元と臨刃偈】　一二七六年、無学祖元が温州の能仁寺（浙江省温州市）にいた時、大元軍が攻め込んできた。他の僧たちは恐れて隠れたが、

浄智寺

無学祖元だけは椅子の上で坐禅を組み続けたままだった。大元の兵士が刀を突きつけると、無学祖元は微動もせずに次の句を唱えたという。

乾坤、孤笻を卓つるに地なし、

「広い天地の間には、一本の細い杖であっても立てる余地はない」

喜び得たり、人空にして、法もまた空なることを、

「我見を持って執着する自分というものや、客観的に存在すると思う事物も、実際にはすべて実態がないということを体得することができた。これはうれしいことである」

珍重す、大元三尺の剣、

「大元兵の三尺もの大剣は大したものであるが、」

電光、影裏に春風を斬らん、

「この私を斬るといっても、その剣が振り下ろされてピカッと光った瞬間、この形のある私ではなく、春風のような何もないもの斬ったということが分かる。さあ、私を斬れるものなら斬ってみなさい」。

無学祖元は、「剣で斬ると脅してもだめだ、私はまったく怖くないぞ」と言い切っているのである。まさに大乗仏教の本質である「空」の思想を端的に表現した句である。これを聞いた大元の兵は謝って退いたという。無学祖元について語る時には、必ずと言っていいほど使われる挿話である。

ただこの挿話が歴史的事実かどうかについては検討の余地がある。だいたい、大元の兵に南宋の中国語が分かったか？ という問題がある。仮りに分かったとしても、無学祖元の発した句、すなわち「空」の思想が理解できたか？ ということも問題である。とどのつまり大元の兵は、自分を恐れる様子もなく、すわったまま力強くわめく僧を見て、「ま、放っておけ」ということになったのであろう。この句は無学祖元が書き残し人に伝え、後に「臨刃偈（りんじんげ）」または「臨剣の頌（じゅ）」と呼ばれるようになった。

【無学祖元、来日】 その後、無学祖元は天童寺に戻って首座（しゅそ）（禅宗の修行僧のリーダー）となった。やがて弘安二年（一二七九）、禅の師匠を探しに来た北条時宗の二人の使者によって日本に招かれて鎌倉に入り、建長寺に入ってその住持となった。使者の名は傑（けっ）

円覚寺

翁宗英（おうそうえい）と無及徳詮（むきゅうとくせん）といった。この年、南宋はついに大元に滅ぼされてしまった。

【円覚寺を建立】　無学祖元は弘安二年六月に博多に到着して鎌倉へ行き、時宗に建長寺の住持として迎えられた。時宗は深く無学祖元を信頼し、参禅してその指導を受けた。また弘安五年（一二八二）には建長寺の北西一キロばかりのところ（JR横須賀線北鎌倉駅前）に円覚寺を建立し、無学祖元をその開山に据えている。

【無学祖元の弟子指導と望郷の思い】　無学祖元は弘安九年（一二八六）三月、建長寺で亡くなった。六十一歳であった。禅に生きるとは言いながら、無学祖元は望郷の思いが強かった。時宗から建長寺に荘園の寄進を受けた時、その恩に報いるためにもよく修行せよと弟子を誡め、次のようにまとめている。

幾人か参り請い眼目を開き、老僧の意を契得する者あらば、亦、以て我が思郷の念を銷かし、我が法のため人を求むるの心を慰む。

「何人かがまじめに参禅して目を開き、私の気持を理解する人がいるならうれしいし、なおかつ、その人は私の宋に帰りたいという気持を鎮め、仏法を伝えたいとよい人を探している心を喜ばせることできるのだ」。

時宗と宋朝禅

【宋朝禅】　北条時頼から時宗の時代には南宋からの禅宗が特に求められた。それに応じて鎌倉に来た蘭渓道隆・大休正念・無学祖元らは、日本を事実上支配し管理している時頼・時宗に優遇された。そして山内荘を中心にいくつも大きな禅宗寺院が建立されていった。

【本来の仏教】　インドで発生した仏教は、当初は確かに人間個人の救いを目的とするものであった。そして日本でも聖徳太子が「世間虚仮、唯仏是真（世の中の現象は虚構であり仮りのものであって、実体ではない。ただ一つ、仏の教えこそが真実なのである）」であるから、世間のことに一喜一憂するのは意味がない。仏が教えてくれているように、気持を世間から離し、苦しまないで生きていよう」と述べた八文字をもって、聖徳太子は日本で最初に仏教を真に理解した人とされている。ということは、中国からその後に日本に伝わってきた仏教は当初の仏教と同じと言い難いということになろう。

【国家を守る仏教と個人を守る仏教】　しかし現実に中国での仏教は大きな機能を果たし

た。それは国家を守る働きということである。この場合の国家とは、近代的な国家、すなわち国民全体が含まれている国家ではない。「国家」という言葉で示されているのは、国王と貴族、そしてそれらにつながっている人たちである。

また、聖徳太子が日本仏教の祖として注目されるようになったのは平安時代後期からである。仏教が天皇や貴族の枠を超えて広く社会全体に普及し始めてからである。人々個人を救う宗教として再認識されるようになってからである。個人を救う宗教として仏教が再認識されるようになったのである。

ただし、国家（国王と貴族）を救う宗教としての仏教が消滅したのではない。中国では依然として国家仏教が主流であった。蒙古という大国の出現は、執権や御家人たちが支配者である日本という国家滅亡の危機だった。少なくとも時頼や時宗がそのような危機感を持ったからこそ、南宋からしきりに名僧を招いたのである。それに南宋の禅僧たちは必ずしも念仏を否定しなかった。

【空と無】　また南宋の時代、仏教界では悟りの境地をそれまでの「空」で表わすのではなく、「無」で表わすことによって一般人にもわかりやすくした。

「空」とは、「世の中の現象はすべて仮りのものであると思おう。それによって執着心もなくなり、楽に生きられる」という思想である。しかしこの思想は一般には理解し難かった。そこで実は中国では唐の時代までは仏教はあまり広まらなかった。しかし宋の時代に入り「空」の代わりに「無」が使われるようになり、仏教は一挙に広まった。「無」は「あるように見えるけれども、実は無いのだ。だから執着せずに修行に励みなさい」という意味である。

【宋朝禅への期待】　中国では異民族との戦いが多く、特に北方の異民族に滅ぼされることも多かった。そこで仏教の役割は依然として国家を守ることが主流であった。時頼や時宗が南宋の禅に期待したのは、

①　日本をモンゴルから守ること。
②　厳しい修行（参禅）により戦いに臨む心を強くすること。
③　念仏と友好関係にあること。

ということだった。

こうして南宋からの禅、すなわち宋朝禅に基づく寺院が次々に鎌倉（山内荘も含む）に建立されていったのである。

時宗と日蓮

【蒙古国書の到来と日蓮】　文永五年（一二六八）の蒙古の国書の到来以来、日蓮は「他国侵逼（しんぴつ）の難」を予言した『立正安国論』の正しさが証明されたと、書状を執権時宗、侍所所司平頼綱らの幕府要人、および建長寺の蘭渓道隆らの僧侶た

日　蓮

ちに送り、諸宗との公開対決を要求した。幕府は許可しなかったが、日蓮は活動を続け、それに賛同する者もいた。

【日蓮を佐渡に流す】　文永八年（一二七一）幕府は日蓮を捕らえて佐渡に流した。あわせて鎌倉の日蓮信者も逮捕、追放、所領没収などの処置をとった。幕府は、大元との対決が迫るにつれ、防衛体制強化を図りつつあった。時宗が六波羅守護南方であった異母兄時輔や名越流の評定衆北条時章・教時兄弟を殺したのは翌年二月である（前述）。

日蓮は佐渡で『開目抄』を書き、次のように決意を示している。

我日本の柱とならん、我日本の眼目とならん、我日本の大船とならん、等と誓いし願をやぶるべからず。

「私こそ、日本国の土台をしっかり支える柱になろう。私こそ日本国の将来を見据えるまなこになろう。私こそ日本国を理想に向かって進める大きな船となろう。このように願った祈りは、私は決して破らない」。

【日蓮赦免とその後】　文永十一年（一二七四）二月、日蓮は許されて鎌倉に戻った。大元の襲来はいよいよ近くなった気配で、平頼綱は日蓮を呼んで、「蒙古はいつごろ攻めてくるか」などと聞いている。日蓮は「今年中には攻めてきます」と答えたというけれども、以後、幕府が日蓮を重んじることはなかった。また日蓮を支持していた名越一族はほとんど勢力を失い、他の支持者である御家人たちも九州に出陣したり、自分の領地に帰ったりしていた。

以後、大元は文永十一年十月（文永の役）と弘安四年（一二八一。弘安の役）と二回にわたり大軍を以って北九州に攻め寄せてきた。御家人たちの迎撃と台風等の自然が味方したこともあって、日本軍は大元軍を破ることができた。

このころ体力が弱って病気がちであった日蓮は、常陸の湯に湯治に行く途中、武蔵国池上（東京都大田区池上）で亡くなった。六十一歳であった。なお現在、池上には日蓮宗・本門寺が建立されている。

【日蓮の遺跡とゆかりの寺々】　鎌倉市とその周辺には日蓮の遺跡およびゆかりの寺院が何ヶ所か存在している。

①　日蓮辻説法跡：鎌倉市小町

日蓮がこの辺りの辻に立って「南無妙法蓮華経」を説いたという。「辻」というのは、本来、広い通りが十字に交わる場所のことであった。

② 本興寺：鎌倉市大町（名越）の日蓮宗寺院

日蓮の辻説法の由緒の地。

③ 光則寺：鎌倉市長谷（はせ）の日蓮宗寺院

文永十一年（一二七四）、北条時頼の家臣で、日蓮の信者になっていた宿屋光則（やどやみつのり）の屋敷に建立された。開山は日蓮の門弟日朗（にちろう）。『立正安国論』は光則の父行時を通じて時頼に呈上されたという。

④ 安国論寺：鎌倉市大町（名越）の日蓮宗寺院

日蓮の松葉ヶ谷草庵の跡とされる。日蓮が『立正安国論』を執筆した岩穴の前に、弟子の日朗が安国論窟寺を立てたのが始まりとされる。

⑤ 長勝寺：鎌倉市材木座の日蓮宗寺院

松葉ヶ谷付近の地頭であった石井長勝が迫害を受けていた日蓮を保護し、屋敷を庵として寄進した（松葉ヶ谷草庵）、それが長勝寺の始まりとされる。

⑥ 妙法寺：鎌倉市大町の日蓮宗寺院

松葉ヶ谷草庵の跡とされる。

時宗と一遍

【一遍の出身】　一遍は踊り念仏で知られている。念仏の一宗派である時宗の開祖である。北条時宗は、弘安五年（一二八二）、小袋坂で一遍と出会っている。小袋坂は山内荘への入り口である。おりしも、前年の第二回大元襲来を撃破しつつも（弘安の役）、第三回襲来に対しての準備を緊張感を持って続けていた時期である。

一遍は延応元年（一二三九）、伊予国（愛媛県）の豪族河野氏に生まれた。河野氏は平安末期には水軍（海軍）を要して瀬戸内海西部に勢力を張っていた。頼朝の挙兵後、惣領の河野通信はいち早く頼朝に味方し、元暦二年（一一八五）には義経のもとで多くの軍船を率いて平家方を壇ノ浦で全滅させている。

以後、通信は頼朝の信頼を得て、鎌倉幕府内で有力な立場を得た。そして北条時政の娘と結婚している。

【親族と承久の乱】　ところが承久三年（一二二一）に承久の乱が起きると、通信は数人の息子たちや孫たちを引き連れて後鳥羽上皇に味方した。息子の通政が上皇の西面の武士を務めていたからであるという。しかし上皇方は敗れ、通政は斬られ、通信は奥

北条時政①——女子
　　　　　　　＝河野通信——通政
　　　　　　　　　　　　　　通広（如仏）——一遍
　　　　　　　　　　　　　　通久

①は執権就任の順番

州江刺郡（岩手県奥州市・北上市）に流された。息子・孫や一族の者たちの多くは所領没収の憂き目にあい、没落した。ただ時政の孫にあたる通久は鎌倉に住んでいて、幕府方として戦ったので没落は免れた。

通信の別の息子である通広は京都にいたが、出家して如仏と称し、法然の門弟証空のもとで修行をしていた。そのためであろう、この戦争には無関係で、やがて帰国している。そこに生まれたのが一遍である。すると一遍は、血の繋がっていない遠縁ながら、時宗の親戚ということになる。

【出家して西山義を学ぶ】　宝治二年（一二四八）、一遍は母が亡くなったのを機に出家し、やがて九州太宰府に送られた。そこには父の通広とともに証空のもとで学んだ聖達という僧侶がいた。一遍はその下で西山義を学んだのである。

一遍は二十代のころにいったん帰国して還俗、結婚して子どもも生まれるなどの体験を経て再出家、各地をめぐって修行生活を行なった。

【「南無阿弥陀仏」の世界】　一遍は、「南無阿弥陀仏」と称える六文字の名号の中にこそ、救いの世界があるとする。それは彼の『六字無生の頌』に端的に示されている。

六字の中、本無生死、一声の間、即ち無生を証す

「『南無阿弥陀仏』という六字の名号の中にこそ、生と死とがいまだ分かれていない、本

鎌倉入りを武士に阻まれる一遍（『一遍聖絵』）

来の悟りの世界がある。一声（ひとこえ）「南無阿弥陀仏」と称える間の、その僅かの瞬間に生死を超越した世界が出現する」。

【捨聖・遊行聖・踊り念仏】　一遍は衣食住・家族すべてを捨てて「南無阿弥陀仏」と称えることに生きたので、「捨聖（すてひじり）」と呼ばれた（拙著『捨聖一遍』歴史文化ライブラリー、吉川弘文館、二〇一七年）。当然、住居も捨てることになり、各地を歩き回って念仏を称え、また人々にも念仏を進めた。これを「遊行（ゆぎょう）」といい、一遍は「遊行の聖」とも呼ばれたのである。さらに、救われた喜びを体全体で示して踊り出したことがあった。それは弘安二年（一二七九）のことであり、以後各地で行なった。これを踊り念仏という。時代は大元襲来の文永の役と弘安の役との中間の時期であり、世の人々の不安な気持を発散させる役割もはたしたものと考えられる。さらに一遍の遊行は弟子を連れての旅だった。その門弟のことを時衆という。時衆とは、現代風に言えば、「一日の二十四時間をすべて臨終の時と心得て念仏を称える人々」という意味である。

【北条時宗、小袋坂で一遍と出会う】弘安五年（一二八二）三月一日、鎌倉から小袋坂を通って山内荘へ入ろうとした時宗は、数十人の時衆を連れた一遍と鉢合わせをしてしまった。一遍は鎌倉で布教の成果をあげようというのである。一遍も鎌倉時代の風潮に従って鎌倉で人気を得たかったのである。しかし多数の集団が無断で鎌倉入りをすることは禁止してあったので、時宗の家来が制止しようとしたが、一遍は聞き入れなかった。そこで家来は時衆を叩き、一遍に対して次のように言ったと『一遍聖絵』にある。

> 御前にて、斯くの如き狼藉を致すべき様やある。汝、徒衆を引き具する事、偏に名聞の為なり。制止に拘へられず乱入する事、心得難し。

「時宗様の前で、このような乱暴な振る舞いをしていいと思っているのか。お前、供の者を大勢連れているのは、ただ名声をあげようというためであろう（悟りを得ようという僧侶らしくもない）。止めよというのに鎌倉へ乱暴に入ろうというのは理解できないぞ」。

【鎌倉の中と外】鎌倉の中では「道心堅固」でまじめに修行している者は問題ではなかった。治安を乱す者は取り締まられた。鎌倉の外は幕府にとって問題ではない。確かに、時宗配下の武士は、厳しく咎められて「では自分たちはどこへ行けばいいのかね」と尋ねた一遍に対し、「鎌倉の外は御制に非ず（鎌倉の外だったら問題ないよ）」と答えている。まさに文暦二年七月十四日の追加法のとおりの処置である。

小袋坂へ押し戻された一遍と時衆は、その夜は道の脇、山の麓で泊まった。すると噂を聞いた鎌倉の人々が集まってきて、一遍の人気は大いに上がったという。布教のためには叩かれることも恐れぬ一遍に真の宗教者の姿を見たからと『一遍聖絵』は伝えている。

その後一遍は各地の遊行を続け、正応二年（一二八九）年に播磨国兵庫（兵庫県神戸市）で亡くなった。十年後に成立したのが一遍の伝記絵巻の『一遍聖絵』である。作者の聖戒は一遍の甥で、その門弟として遊行を共にした人物である。

【鎌倉の実際の姿―『一遍聖絵』】　以上の経緯を述べた『一遍聖絵』の絵の部分は、実際の鎌倉の姿を知る最古の史料である。そこからは、

① 鎌倉の入り口には木戸が設けられていたこと。
② 木戸の脇には草鞋や食品を売る店があること。旅人のためであろう。
③ 道路には脇ではなく、中央に溝が設けられていたこと。排水のためであろう。
④ 北条時宗つまり執権は「太守」と呼ばれていたこと（絵の書き込みから）。
⑤ 木戸の外または周囲には多くの非人がいたこと。

などが判明する。

【鎌倉とその付近の一遍の遺跡】

①　小袋坂（巨福呂坂の旧道）

②　別願寺：鎌倉市大町の時宗寺院。
元真言宗の寺院の能成寺であったが、弘安五年（一二八二）、住職の公忍が一遍に帰依して覚阿と名を改めて時宗の寺院としたという。室町時代には代々の鎌倉公方の菩提寺となり、鎌倉における時宗寺院の中心となって栄えた。

③　光触寺（こうそくじ）：鎌倉市十二所の時宗寺院。
弘安元年（一二七八）の創建、当初は真言宗寺院であったが、弘安五年に一遍が鎌倉に来た時に住職の作阿（さあ）が帰依して時宗寺院に改めたという。寺伝では開基を一遍、開山を作阿とする。

仏都鎌倉の滅亡

北条貞時の時代――幕府の衰退

得宗の弱体化

【近い親類との結婚】　時宗の後継者となった息子の貞時（さだとき）は、文永八年（一二七一）に誕生している。得宗家（とくそう）（北条氏の本家）の権力を固め、また二度にわたって国難を乗り切った時宗は、弘安七年（一二八四）四月四日に亡くなった。まだ三十四歳であった。得宗の没年齢を見ると、時政七十八歳・義時六十二歳・泰時六十歳はともかく、次からはほとんどが若年で亡くなっている。それは時氏二十八歳・経時二十三歳・時頼三十七歳・時宗三十四歳（同母の弟宗政二十九歳）・貞時四十歳・高時三十歳という結果である。

系図を見ると、得宗家と安達氏との度重なる結婚、および北条氏内の結婚が目立つ。得宗に早死にが多くなったのは、その近親結婚と関係があるだろう。ちなみに高時の母安達泰宗の娘は側室で、彼女が生んだ高時の兄三人と姉一人は幼時に亡くなっている。また父貞時の正室は叔父宗政の娘で、こちらには子どもは生まれていない。

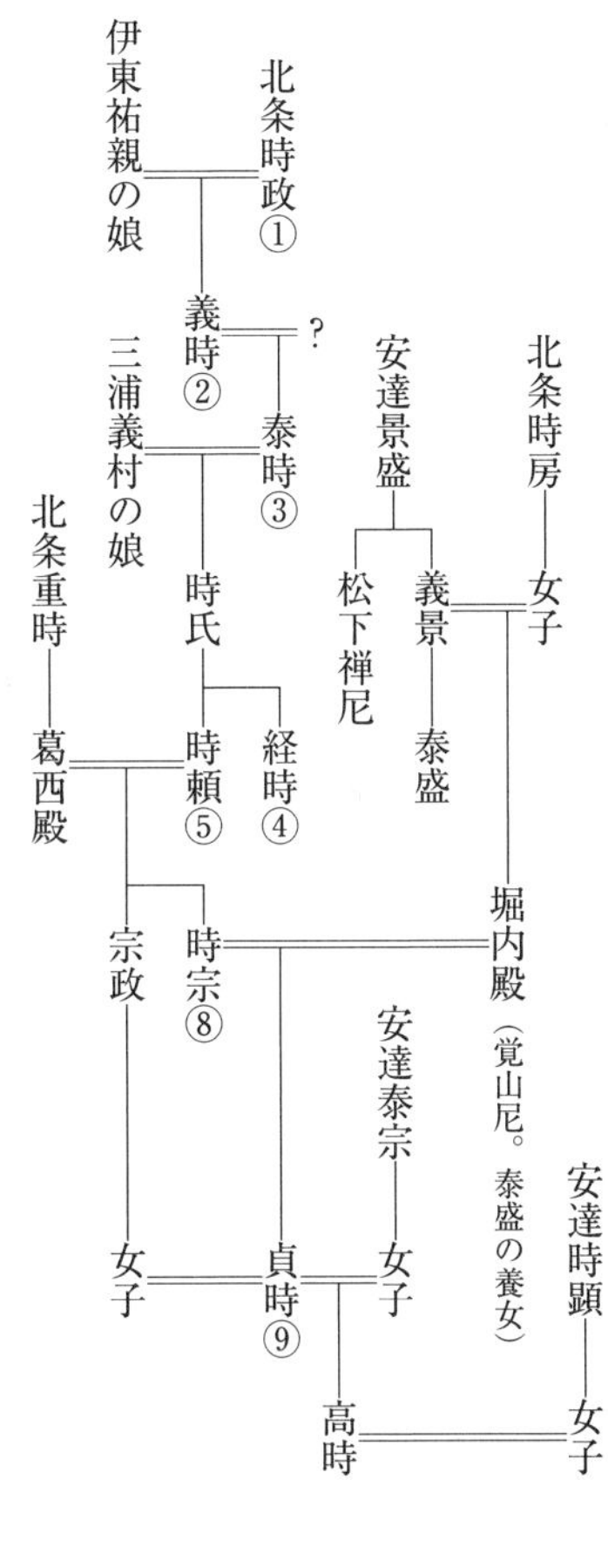

時宗のころ、時頼から推し進められた得宗家への権力集中は頂点に達した。それは蒙古襲来に対応するためにも必要であった。そして時宗を支えていた筆頭は、御家人では安達泰盛であり、御内人では内管領の平頼綱であった。

【恩沢奉行・安達泰盛】　泰盛は大元襲来に関して恩沢奉行（御恩奉行）を勤めた。恩沢奉行とは大元に対して戦った御家人たちの手柄を判定し、恩賞を与える是非を決定する役職である。当初は政所別当や問注所執事がこの仕事に当たったが、嘉禎年間（一二三五～一二三八）以降、恩沢奉行が設けられた。建治年間（一二七五～一二七八）には安達泰盛が恩沢奉行であることが確認できる。この期間は文永の役から弘安の役の中間期であり、大元襲来で戦った御家人たちの恩賞判定に当たっており、御家人の間での安達泰盛の存在感が高まった。

【内管領・平頼綱】　平頼綱は弘長元年（一二六一）ころに父盛時から侍所所司を継承し、文永九年（一二七二）以前に内管領となっている。さらに前年の文永八年に誕生した貞時の乳母夫（めのと）にもなっていたのである。

つまり貞時は、御家人筆頭ともいうべき安達泰盛を外祖父（実は外伯父）に持ち、御内人筆頭の平頼綱を乳母夫に持つという、万全の保護態勢を組まれていたのである。組んだのは武断的な気質を持つ父の時宗である。

【霜月（しもつき）騒動と平禅門（へいぜんもん）の乱】　弘安七年（一二八四）、貞時は頼綱に説得されて泰盛を討伐した。その騒動は全国に波及し、多くの御家人が討たれている。霜月騒動である。この結果、頼綱が幕政を握ったが、成長して二十二歳となった貞時は、強圧的な政治を行なっていた頼綱に見切りをつけ、主に北条一族の後援によって正応六年（一二九三）、頼綱とその一族を滅ぼした。平禅門の乱である（拙稿「平頼綱と『教行信証』の出版」『親鸞と東国門徒』吉川弘文館、一九九九年)。

以後、貞時は父の時代のような得宗専制政治に戻すべく、御内人を抑えて旧泰盛派の御家人を登用し、また北条一族の力を結集するなどした。他方、大陸ではモンゴルの内紛が続き、第三回大元襲来の脅威はしだいに薄くなっていった。

【幕府の衰退】　しかし貞時は、嘉元元年(一三〇三)に生まれた息子の高時(たかとき)が延慶二年(一三〇九)に元服式をはたしたころからしだいに政治に対する情熱を失っていった。そして得宗の指導力は落ち、悪党の勢力も強くなり、幕府の力も衰えていった。

悪党とは幕府や荘園領主に反抗する御家人や、非御家人(幕府の傘下にない武士)あるいは武装集団のことで、主に畿内近国の流通路付近で勢力を増していった。悪党には、交通運輸業者や各地を遍歴して商工業をなりわいとする非農業民も多かった。これらの人々は鎌倉時代中期から目立ち始め、すでに時頼執権のころから幕府が禁圧する対象として諸史料に散見する。

当時、悪党の「悪」は現代的な「倫理的によくない行ない」という意味だけでなく、「異常に強力」という意味を持っていた。たとえば、「鎌倉悪源太義平」といえば、「戦争が異常に強い鎌倉に住む源氏の長男義平」ということを示しており、「悪左大臣頼長」といえば、「常識では計り知れないくらい学問に優れた左大臣藤原頼長」という意味であった。「比叡山の悪僧」は、「戦さが恐ろしく強い比叡山延暦寺の僧侶たち」という意味である。

後に後醍醐天皇の元で倒幕に働いた楠木正成も悪党とみられたことがあるし、悪党は十三世紀後半から十四世紀前半を通じて勢力を伸ばした。農業民を基盤とする幕府は、悪党を支配しきれなかった。それが幕府滅亡の一因となった。

貞時建立の寺院

貞時のころには、仏教界では新しい教義の開発があまり見られなくなっていた。鎌倉の寺院としては東慶寺が弘安八年（一二八五）に建立されたと伝えられている程度である、同寺の寺伝では、開基は貞時、開山はその母で時宗の妻であった覚山尼という。時宗の菩提を弔う目的で建立された。現在では臨済宗円覚寺派の寺院で、住所は鎌倉市山ノ内である。

貞時は同じく弘安八年または延慶二年（一三〇九）に円覚寺舎利殿も建立したという。

最後の執権北条高時

高時の時代—反乱多発

高時は嘉元元年（一三〇四）に貞時の四男として誕生。延慶二年（一三〇九）に元服したが、二年後の応長元年（一三一一）に父が亡くなった。正和五年（一三一六）、十四代執権となったが、この間、高時が幼かったため三代の中継ぎ執権を経ている。その後、各地の悪党の盛んな活動や奥州での何かの乱などが続き、正中元年（一三二四）には後醍醐天皇の倒幕計画が露見するに至った。正中（しょうちゅう）の変である。

高時と仏教

【日蓮宗に好意を抱く】　高時は日蓮没後も鎌倉で積極的に活動する日蓮宗に関心を強め、日蓮の門弟の日朗（一二四五〜一三二〇）に命じて諸宗との対決を命じた。文保二年（一三一八）のことである。ただ当時七十四歳の日朗は、高齢を理由に門下の日印を代理として送った。高時は将軍守邦親王の隣席を仰いだ席で日印と諸宗の僧と教学論争を行なわせた。それは同年十二月二十日から翌元応元年九月十五日の三回にわたった。日蓮宗では鎌倉殿中問答として伝えられているできごとである。日印は諸宗派の代表をすべて論破したという。この結果、高時は鎌倉での題目宗（日蓮宗）布教を正式に許している。

日蓮宗が拠り所としている『法華経』は、すでに平安時代後期から貴族さらには武士の社会に一般的に広まっている経典である。特に現世における繁栄を力強く説くので御家人や商人層にも人気が高かった。ただ日蓮以来、他宗派に対する非難が強く、これは幕府で禁じている「悪口の咎」に相当するものであった。しかし日蓮が亡くなって三十数年、強烈に他宗を非難しなくても日蓮宗の勢力は安定してきていた。まだ十六歳だった高時は病弱で、現世利益を強調する日蓮宗に惹かれるものがあったのであろう。

問答には立たなかった日朗は十二歳で日蓮の門に入り、後世に日蓮六老僧の一人とされた僧である。佐渡に流罪中の日蓮を八回も訪ね、ついには幕府の赦免状を持って佐渡に渡ったとされている。幕府の役人でもない日朗が赦免状を持っていくことは考え難いので、幕府に使者との同行を許されたということであろうか。元応二年（一三二〇）に亡くなり、安国論寺で荼毘に付された。

【夢窓疎石に帰依】　高時は臨済宗の僧である夢窓疎石（むそうそせき）と親しく交流をしていた。疎石は建治元年（一二七五）に伊勢国で誕生し、幼少時に出家、各地で天台宗や真言宗を学び、やがて京都の建仁寺で禅宗を学んだ。さらに鎌倉へ行って円覚寺・建長寺・万寿寺を経て、嘉元三年（一三〇五）には浄智寺で印可を受けている。印可とは禅宗の師僧が、悟りを得たとして弟子に与える証明書のことである。夢窓疎石は穏やかで友好的な人物だったようである。

疎石はその後、甲斐・美濃・土佐・相模・上総などの各地の寺院を巡り、正中二年（一三二五）には後醍醐天皇に招かれて上洛、南禅寺の住職となった。二年後には鎌倉に瑞泉寺を開いている。また円覚寺にも滞在した。高時はこの疎石に帰依している。

夢窓疎石

夢窓疎石は和歌を詠むことも巧みであった。『夢窓国師詠歌百首』に次の和歌がある。

又鎌倉山に、ある人の住み捨てたる庵のありける

に、一夜とまりたまひけるに、軒の松風よもすがらふきければ

わがさきに　すみけん人の　さびしさを
身に聞きそふる　軒の松風

「また、鎌倉山に、さる人が住んで捨てていった草庵があったので、ある夜に夢窓疎石がお泊まりになった時、軒端（のきば）の松を鳴らして一晩中風が吹きましたので、私より前に住んでいて風のように去っていった人の寂しい思いを、我が身に寄り添わせるようにして聞くことだ、軒端の松を鳴らして吹く風よ」

高時、東勝寺で自刃
―鎌倉幕府の滅亡

正中三年（一三二六）、高時は執権を引退した。まだ二十四歳であった。以後の混乱の中で北条氏と深い親戚関係にある御家人たちもしだいに背くようになった。足利尊氏や新田義貞らである。

彼らは楠木正成らの畿内近国の勢力とともに幕府を滅ぼそうとし、ついに元弘元年（正慶二、一三三三）、高時は北条一族や家臣らとともに鎌倉葛西ヶ谷の東勝寺で自刃した。享年三十歳であった。ここに鎌倉幕府は滅びたのである。

仏都鎌倉の終焉

エピローグ

文治元年（一一八五）に成立した鎌倉幕府は、当時の社会の新興勢力であった武士の希望の都であった。約一五〇年後の幕府滅亡に到るまで、幕府の指導者たちは政治の万般にわたって強く仏教を求めた。それは日常生活上の諸問題、没後への対処もさることながら、社会の変化に伴って発生する新しい課題、外国すなわちモンゴルからの侵攻から国土をどう防ぐかなどさまざまであった。また指導者たちは為政者として自分自身の心が強くなるよう磨かねばならなかった。

一方、鎌倉には意欲的な僧侶たちが次々と訪れてきた。指導者たちも、彼らを迎え、鎌倉に新しい寺院を建立していった。鎌倉新仏教として現代に知られた僧侶たちの多くが鎌倉に入っているのは注目すべきである。栄西・親鸞・道元・蘭渓道隆・叡尊・忍性・日蓮・無学祖元その他である。平安時代からの仏教も、むろん鎌倉で大きな力を持っていた。まさに鎌倉は仏教に彩られた都、すなわち仏都であった。

本書では、鎌倉時代の将軍や執権たちの政治課題を順に取り上げ、一五〇年間、彼らが仏教の助けを借りながらどのように解決しようとしていったかを見てきた。また鎌倉に新しくもたらさせた仏教思想や文化についても見てきた。

正慶二年（元弘三、一三三三）に幕府が滅亡しても、都市鎌倉はそのまま存在したが、足利尊氏が幕府を京都の室町に開くと、鎌倉の政治的重要性はずっと下がった。関東一円を管轄下に置く鎌倉府が成立しても、それは地方の一組織に過ぎなかった。

仏教界においても、積極的に鎌倉に布教に乗り出す状況ではなくなった。「仏都」は静かに終焉の時を迎えた。それを端的に示すのが初代将軍源頼朝の戒名と最後の執権北条高時の神号であろう。頼朝の戒名は「武皇嘯口（ぶこうしょうこう）大禅門」である。まさに「武力によって日本をしようと嘯く、仏門に帰依した大勢力の者」という意味である。

これに対して高時にも戒名はある。「日輪寺殿崇鑑（にちりんじどのそうかん）」である。「太陽のように無数の救いの光で照らしたと、その生き方を人々の手本として崇められた者」という意味となる。特に問題があるわけではない。

ところが高時はその没後、幕府を滅ぼした後醍醐天皇から「徳崇大権現」という神号を贈られているのである。この神号は、「徳があって崇拝された、仮りに人として姿を現わした神」という意味である。仏都鎌倉の滅亡後、仏都の最後の最高権力者は仏ではなく神として祀られるに至ったのである。寺々は残り、僧たちの営みは継続していったとはいうものの、ここに仏都鎌倉の終焉を見ることができるのではないだろうか。

あとがき

源頼朝が幕府を開いてから一五〇年の間、鎌倉は新興の武士の希望の都として存在していました。その武士はもちろん、京都の貴族たち、各地の僧侶たち、仏像を造る仏師たち、さらには和歌に生きる人たち、外国貿易の商人たちも集まってきて、さまざまに歴史を作っていきました。

私は一九六一年に大学に入り、日本史を専攻する学科に入りました。私はそのころから鎌倉時代に強い関心を持っていました。中学生のころからだったでしょうか、日本は第二次大戦の痛手から復興を遂げつつある時期に入っていました。新しい社会を目指そう、という雰囲気の時代でした。次の時代を作っていこうとする鎌倉の人たちの意欲が、学生の私にも分かるような気がしていたのです。

以後ずっと、さまざまな角度から鎌倉時代に関心を持ち続け、また研究も重ねてきました。その成果を政治と仏教を軸に総合的にまとめたのが本書です。本書出版の機会を与えてくださった吉川弘文館の皆様には厚く御礼を申し上げます。また校正にあたってはいつものように宮本千鶴子さんに手伝っていただきました。ありがとうございました。

二〇二〇年七月六日

今 井 雅 晴

著者略歴

一九四二年　東京都に生まれる
一九七七年　東京教育大学大学院日本史学専攻博士課程修了
現在　筑波大学名誉教授、真宗文化センター所長、真宗東国研究所長、文学博士

〔主要著書〕
『親鸞と東国門徒』(吉川弘文館、一九九九年)
『親鸞と浄土真宗』(吉川弘文館、二〇〇三年)
『わが心の歎異抄』(東本願寺出版部、二〇〇七年)
『親鸞と東国』(吉川弘文館、二〇一三年)
『親鸞と歎異抄』(吉川弘文館、二〇一五年)

歴史文化ライブラリー
510

仏都鎌倉の一五〇年

二〇二〇年(令和二)十一月一日　第一刷発行

著　者　今井雅晴(いまいまさはる)
発行者　吉川道郎
発行所　株式会社吉川弘文館
東京都文京区本郷七丁目二番八号
郵便番号一一三―〇〇三三
電話〇三―三八一三―九一五一〈代表〉
振替口座〇〇一〇〇―五―二四四
http://www.yoshikawa-k.co.jp/
印刷＝株式会社 平文社
製本＝ナショナル製本協同組合
装幀＝清水良洋・宮崎萌美

ISBN978-4-642-05910-7

歴史文化ライブラリー

1996.10

刊行のことば

現今の日本および国際社会は、さまざまな面で大変動の時代を迎えておりますが、近づきつつある二十一世紀は人類史の到達点として、物質的な繁栄のみならず文化や自然・社会環境を謳歌できる平和な社会でなければなりません。しかしながら高度成長・技術革新にともなう急激な変貌は「自己本位な刹那主義」の風潮を生みだし、先人が築いてきた歴史や文化に学ぶ余裕もなく、いまだ明るい人類の将来が展望できていないようにも見えます。このような状況を踏まえ、よりよい二十一世紀社会を築くために、人類誕生から現在に至る「人類の遺産・教訓」としてのあらゆる分野の歴史と文化を「歴史文化ライブラリー」として刊行することといたしました。

小社は、安政四年(一八五七)の創業以来、一貫して歴史学を中心とした専門出版社として書籍を刊行しつづけてまいりました。その経験を生かし、学問成果にもとづいた本叢書を刊行し社会的要請に応えて行きたいと考えております。

現代は、マスメディアが発達した高度情報化社会といわれますが、私どもはあくまでも活字を主体とした出版こそ、ものの本質を考える基礎と信じ、本叢書をとおして社会に訴えてまいりたいと思います。これから生まれでる一冊一冊が、それぞれの読者を知的冒険の旅へと誘い、希望に満ちた人類の未来を構築する糧となれば幸いです。

吉川弘文館

歴史文化ライブラリー

中世史

列島を翔ける平安武士 九州・京都・東国――野口 実
源氏と坂東武士――野口 実
敗者たちの中世争乱 年号から読み解く――関 幸彦
平氏が語る源平争乱――永井 晋
熊谷直実 中世武士の生き方――高橋 修
中世武士 畠山重忠 秩父平氏の嫡流――清水 亮
頼朝と街道 鎌倉政権の東国支配――木村茂光
大道 鎌倉時代の幹線道路――岡 陽一郎
仏都鎌倉の一五〇年――今井雅晴
鎌倉源氏三代記 一門・重臣と源家将軍――永井 晋
鎌倉北条氏の興亡――奥富敬之
三浦一族の中世――高橋秀樹
弓矢と刀剣 中世合戦の実像――近藤好和
その後の東国武士団 源平合戦以後――関 幸彦
荒ぶるスサノヲ、七変化 〈中世神話〉の世界――斎藤英喜
曽我物語の史実と虚構――坂井孝一
鎌倉浄土教の先駆者 法然――中井真孝
親 鸞――平松令三
親鸞と歎異抄――今井雅晴
畜生・餓鬼・地獄の中世仏教史 因果応報と悪道――生駒哲郎
神や仏に出会う時 中世びとの信仰と絆――大喜直彦
神仏と中世人 宗教をめぐるホンネとタテマエ――衣川 仁
神風の武士像 蒙古合戦の真実――関 幸彦
鎌倉幕府の滅亡――細川重男
足利尊氏と直義 京の夢、鎌倉の夢――峰岸純夫
高 師直 室町新秩序の創造者――亀田俊和
新田一族の中世 「武家の棟梁」への道――田中大喜
皇位継承の中世史 血統をめぐる政治と内乱――佐伯智広
地獄を二度も見た天皇 光厳院――飯倉晴武
東国の南北朝動乱 北畠親房と国人――伊藤喜良
南朝の真実 忠臣という幻想――亀田俊和
中世の巨大地震――矢田俊文
大飢饉、室町社会を襲う!――清水克行
贈答と宴会の中世――盛本昌広
中世の富と権力 寄進する人びと――湯浅治久
出雲の中世 地域と国家のはざま――佐伯徳哉
中世武士の城――齋藤慎一

歴史文化ライブラリー

歴史文化ライブラリー

馬と人の江戸時代——兼平賢治
犬と鷹の江戸時代 〈犬公方〉綱吉と〈鷹将軍〉吉宗——根崎光男
紀州藩主 徳川吉宗 明君伝説・宝永地震・隠密御用——藤本清二郎
近世の巨大地震——矢田俊文
江戸時代の孝行者 「孝義録」の世界——菅野則子
死者のはたらきと江戸時代 遺訓・家訓・辞世——深谷克己
近世の百姓世界——白川部達夫
闘いを記憶する百姓たち 江戸時代の裁判学習帳——八鍬友広
江戸のパスポート 旅の不安はどう解消されたか——柴田 純
〈身売り〉の日本史 人身売買から年季奉公へ——下重 清
江戸の捨て子たち その肖像——沢山美果子
江戸の乳と子ども いのちをつなぐ——沢山美果子
エトロフ島 つくられた国境——菊池勇夫
江戸時代の医師修業 学問・学統・遊学——海原 亮
江戸の流行り病 麻疹騒動はなぜ起こったのか——鈴木則子
江戸幕府の日本地図 国絵図・城絵図・日本図——川村博忠
江戸の地図屋さん 販売競争の舞台裏——俵 元昭
踏絵を踏んだキリシタン——安高啓明
墓石が語る江戸時代 大名・庶民の墓事情——関根達人
石に刻まれた江戸時代 無縁・遊女・北前船——関根達人
近世の仏教 華ひらく思想と文化——末木文美士
松陰の本棚 幕末志士たちの読書ネットワーク——桐原健真
龍馬暗殺——桐野作人
日本の開国と多摩 生糸・農兵・武州一揆——藤田 覚
幕末の世直し 万人の戦争状態——須田 努
幕末の海軍 明治維新への航跡——神谷大介
海辺を行き交うお触れ書き 浦触の語る徳川情報網——水本邦彦
江戸の海外情報ネットワーク——岩下哲典

近・現代史

江戸無血開城 本当の功労者は誰か？——岩下哲典
五稜郭の戦い 蝦夷地の終焉——菊池勇夫
水戸学と明治維新——吉田俊純
大久保利通と明治維新——佐々木 克
刀の明治維新 「帯刀」は武士の特権か？——尾脇秀和
維新政府の密偵たち 御庭番と警察のあいだ——大日方純夫
京都に残った公家たち 華族の近代——刑部芳則
文明開化 失われた風俗——百瀬 響
西南戦争 戦争の大義と動員される民衆——猪飼隆明

歴史文化ライブラリー

大久保利通と東アジア 国家構想と外交戦略——勝田政治
明治の政治家と信仰 クリスチャン民権家の肖像——小川原正道
文明開化と差別——今西 一
大元帥と皇族軍人 明治編——小田部雄次
皇居の近現代史 開かれた皇室像の誕生——河西秀哉
明治神宮の出現——山口輝臣
神都物語 伊勢神宮の近現代史——ジョン・ブリーン
陸軍参謀 川上操六 日清戦争の作戦指導者——大澤博明
日清・日露戦争と写真報道 戦場を駆ける写真師たち——井上祐子
公園の誕生——小野良平
啄木短歌に時代を読む——近藤典彦
鉄道忌避伝説の謎 汽車が来た町、来なかった町——青木栄一
軍隊を誘致せよ 陸海軍と都市形成——松下孝昭
お米と食の近代史——大豆生田 稔
日本酒の近現代史 酒造地の誕生——鈴木芳行
失業と救済の近代史——加瀬和俊
近代日本の就職難物語 「高等遊民」になるけれど——町田祐一
選挙違反の歴史 ウラからみた日本の一〇〇年——季武嘉也
海外観光旅行の誕生——有山輝雄

関東大震災と戒厳令——松尾章一
難民たちの日中戦争 戦火に奪われた日常——芳井研一
昭和天皇とスポーツ 〈玉体〉の近代史——坂上康博
大元帥と皇族軍人 大正・昭和編——小田部雄次
海軍将校たちの太平洋戦争——手嶋泰伸
松岡洋右と日米開戦 大衆政治家の功と罪——服部 聡
地図から消えた島々 幻の日本領と南洋探検家たち——長谷川亮一
自由主義は戦争を止められるのか 芦田均・清沢洌・石橋湛山——上田美和
モダン・ライフと戦争 スクリーンのなかの女性たち——宜野座菜央見
彫刻と戦争の近代——平瀬礼太
軍用機の誕生 日本軍の航空戦略と技術開発——水沢 光
首都防空網と〈空都〉多摩——鈴木芳行
帝都防衛 戦争・災害・テロ——土田宏成
陸軍登戸研究所と謀略戦 科学者たちの戦争——渡辺賢二
帝国日本の技術者たち——沢井 実
〈いのち〉をめぐる近代史 堕胎から人工妊娠中絶へ——岩田重則
強制された健康 日本ファシズム下の生命と身体——藤野 豊
戦争とハンセン病——藤野 豊
「自由の国」の報道統制 大戦下の日系ジャーナリズム——水野剛也

歴史文化ライブラリー

歴史文化ライブラリー

古建築を復元する 過去と現在の架け橋——海野 聡
大工道具の文明史 日本・中国・ヨーロッパの建築技術——渡邉 晶
苗字と名前の歴史——坂田 聡
日本人の姓・苗字・名前 人名に刻まれた歴史——大藤 修
大相撲行司の世界——根間弘海
日本料理の歴史——熊倉功夫
日本の味 醤油の歴史——林 玲子・天野雅敏編
中世の喫茶文化 儀礼の茶から「茶の湯」へ——橋本素子
香道の文化史——本間洋子
天皇の音楽史 古代・中世の帝王学——豊永聡美
流行歌の誕生 「カチューシャの唄」とその時代——永嶺重敏
話し言葉の日本史——野村剛史
柳宗悦と民藝の現在——松井 健
遊牧という文化 移動の生活戦略——松井 健
マザーグースと日本人——鷲津名都江
たたら製鉄の歴史——角田徳幸
金属が語る日本史 銭貨・日本刀・鉄炮——齋藤 努
書物と権力 中世文化の政治学——前田雅之
書物に魅せられた英国人 フランク・ホーレーと日本文化——横山 學
災害復興の日本史——安田政彦

民俗学・人類学

日本人の誕生 人類はるかなる旅——埴原和郎
倭人への道 人骨の謎を追って——中橋孝博
神々の原像 祭祀の小宇宙——新谷尚紀
役行者と修験道の歴史——宮家 準
幽霊 近世都市が生み出した化物——髙岡弘幸
雑穀を旅する——増田昭子
川は誰のものか 人と環境の民俗学——菅 豊
名づけの民俗学 地名・人名はどう命名されてきたか——田中宣一
番と衆 日本社会の東と西——福田アジオ
記憶すること・記録すること 聞き書き論ノート——香月洋一郎
番茶と日本人——中村羊一郎
柳田国男 その生涯と思想——川田 稔

世界史

中国古代の貨幣 お金をめぐる人びとと暮らし——柿沼陽平
渤海国とは何か——古畑 徹
古代の琉球弧と東アジア——山里純一
アジアのなかの琉球王国——高良倉吉

歴史文化ライブラリー

琉球国の滅亡とハワイ移民――鳥越皓之
フランスの中世社会 王と貴族たちの軌跡――渡辺節夫
ヒトラーのニュルンベルク 第三帝国の光と闇――芝 健介
人権の思想史――浜林正夫

考古学

タネをまく縄文人 最新科学が覆す農耕の起源――小畑弘己
老人と子供の考古学――山田康弘
〈新〉弥生時代 五〇〇年早かった水田稲作――藤尾慎一郎
文明に抗した弥生の人びと――寺前直人
樹木と暮らす古代人 木製品が語る弥生・古墳時代――樋上 昇
古 墳――土生田純之
東国から読み解く古墳時代――若狭 徹
埋葬からみた古墳時代 女性・親族・王権――清家 章
神と死者の考古学 古代のまつりと信仰――笹生 衛
土木技術の古代史――青木 敬
国分寺の誕生 古代日本の国家プロジェクト――須田 勉
海底に眠る蒙古襲来 水中考古学の挑戦――池田榮史
銭の考古学――鈴木公雄

古代史

邪馬台国の滅亡 大和王権の征服戦争――若井敏明
日本語の誕生 古代の文字と表記――沖森卓也
日本国号の歴史――小林敏男
日本神話を語ろう イザナキ・イザナミの物語――中村修也
六国史以前 日本書紀への道のり――関根 淳
東アジアの日本書紀 歴史書の誕生――遠藤慶太
〈聖徳太子〉の誕生――大山誠一
倭国と渡来人 交錯する「内」と「外」――田中史生
大和の豪族と渡来人 葛城・蘇我氏と大伴・物部氏――加藤謙吉
白村江の真実 新羅王・金春秋の策略――中村修也
よみがえる古代山城 国際戦争と防衛ライン――向井一雄
よみがえる古代の港 古地形を復元する――石村 智
古代豪族と武士の誕生――森 公章
飛鳥の宮と藤原京 よみがえる古代王宮――林部 均
出雲国誕生――大橋泰夫
古代出雲――前田晴人
古代の皇位継承 天武系皇統は実在したか――遠山美都男
古代天皇家の婚姻戦略――荒木敏夫

歴史文化ライブラリー

壬申の乱を読み解く――早川万年
戸籍が語る古代の家族――今津勝紀
地方官人たちの古代史 律令国家を支えた人びと――中村順昭
古代の都はどうつくられたか 中国・日本・朝鮮・渤海――吉田　歓
平城京に暮らす 天平びとの泣き笑い――馬場　基
平城京の住宅事情 貴族はどこに住んだのか――近江俊秀
すべての道は平城京へ 古代国家の〈支配の道〉――市　大樹
都はなぜ移るのか 遷都の古代史――仁藤敦史
聖武天皇が造った都 難波宮・恭仁宮・紫香楽宮――小笠原好彦
天皇側近たちの奈良時代――十川陽一
藤原仲麻呂と道鏡 ゆらぐ奈良朝の政治体制――鷺森浩幸
悲運の遣唐僧 円載の数奇な生涯――佐伯有清
遣唐使の見た中国――古瀬奈津子
古代の女性官僚 女官の出世・結婚・引退――伊集院葉子
〈謀反〉の古代史 平安朝の政治改革――春名宏昭
平安朝　女性のライフサイクル――服藤早苗
平安京のニオイ――安田政彦
平安京の災害史 都市の危機と再生――北村優季
平安京はいらなかった 古代の夢を喰らう中世――桃崎有一郎
天台仏教と平安朝文人――後藤昭雄
天神様の正体 菅原道真の生涯――森　公章
平将門の乱を読み解く――木村茂光
藤原摂関家の誕生 平安時代史の扉――米田雄介
安倍晴明 陰陽師たちの平安時代――繁田信一
平安時代の死刑 なぜ避けられたのか――戸川　点
古代の神社と神職 神をまつる人びと――加瀬直弥
古代の食生活 食べる・働く・暮らす――吉野秋二
大地の古代史 土地の生命力を信じた人びと――三谷芳幸
時間の古代史 霊鬼の夜、秩序の昼――三宅和朗

各冊一七〇〇円～二〇〇〇円（いずれも税別）
▽残部僅少の書目も掲載してあります。品切の節はご容赦下さい。
▽品切書目の一部について、オンデマンド版の販売も開始しました。
詳しくは出版図書目録、または小社ホームページをご覧下さい。